JN496456

GAME THEORY

게임이론

저자 | 한순구

經文社

서문

내가 박사 학위를 받고 1998년에 처음 교수로 부임한 곳은 일본의 한 대학이었다. 재미있는 것은 이 대학이 고등학교를 졸업한 어린 학부 학생들을 대상으로 한 곳이 아니고 젊은 엘리트 공무원들을 교육하는 곳이었다는 점이다. 따라서 수학과 논리적 전개로 가득한 게임이론을 그대로 가르치기보다는 게임이론의 기본적인 개념을 가르치고 이를 응용하여 적용할 수 있는 현실 사례 등을 중심으로 수업을 하고자 많은 고민과 노력을 하게 되었다. 이렇게 나는 내가 학생시절 배운 것과 같은 수학적 논리 전개로 가득한 게임이론 수업이 아닌 나름의 이야기와 적용 사례를 이용한 게임이론 수업을 하는 것으로 교수 생활을 시작하게 되었다.

2002년부터는 연세대학교에 부임하여 학부 학생들을 대상으로 수업을 하게 되었지만 수학적 전개보다는 스토리텔링을 중심으로 한 내 게임이론 수업의 특색은 변하지 않았으며 학생들에게도 좋은 호응을 얻고 있다.

이렇듯 수학적 엄밀성보다는 현실 적용 가능성을 위주로 한 내 게임이론 수업을 책으로 만들어 보았다. 딱딱한 수학은 최소로 줄이고 이야기 위주의 교과서가 되도록 노력해 보았으나 아무래도 게임이론이라는 학문이 쉬운 분야는 아니므로 술술 쉽게 읽힐 수 있는 책은 아니다.

책의 내용은 도미넌트 균형, 내쉬 균형, 혼합 균형과 서브게임 퍼펙트 균형은 물론 퍼펙트 베이지안 균형까지 일반적인 학부 수업에서 대상으로 삼을 만한 내용은 모두 포함하고 있다.

혹시 게임이론이라는 분야에 학문적인 관심을 가지고 시간과 노력을 투자할 용의가 있는 일반인들도 한번 공부해 볼 만할 만큼 친절하게 서술하려고 노력했다.

특히 적용 부분에서는 협상이나 대리인 문제 등 아주 중요한 게임이론의 적용 사례 등을 다룸에 있어 많은 지면을 할애하였다.

이 책의 교정에 큰 도움을 주었을 뿐 아니라 기꺼이 자신들의 이름을 빌려준 황태윤, 마창석, 최규성 조교에게도 감사를 마음을 전한다. 그리고 매일 매일 내 게임이론의 현실 적용 능력을 향상시켜준 내 아내와 아들에게 특히 감사하는 바이다.

2017년 3월

저자 한순구

차례

01

게임 상황이란 무엇인가?

친구 사이인 태윤이와 창석이는 사과를 좋아한다고 하자. 다음 두 가지 상황에서 태윤이가 창석이에게 느끼는 감정이 어떻게 다를지 생각해 보자.

〈상황 1〉 태윤이와 창석이가 신촌 과일가게에 들어갔는데, 창석이가 사과 10개를 사더니 그 자리에서 다 먹어버렸다.

〈상황 2〉 태윤이와 창석이가 탄 배가 침몰하여 두 친구는 외딴 무인도에 표류하게 되었다. 이 무인도에는 사과나무 하나가 있고 여기에는 15개의 사과가 달려 있다. 그런데 창석이가 배가 고프다면서 사과 10개를 따더니 혼자서 다 먹어버렸다.

태윤이가 어떤 성격의 사람인지는 모르겠지만, 아마도 <상황 1>에서는 창석이가 사과를 10개를 먹더라도 별다른 감정을 느끼지 않았을 것이다. 하지만 <상황 2>의 경우라면 15개의 사과 중에서 10개의 사과를 혼자서 먹어버린 창석이에게 강렬한 분노의 감정을 느꼈을 것이다. 언제 구조될지 모르는 상황에서 조금씩 아껴 먹어도 부족한 사과를 한꺼번에 10개나 먹었으니 화가 나도 무리가 아닐 것이다.

경제학에서 <상황 1>과 같은 경우의 사과 소비를 분석하기 위해서 만든 것이 수요공급곡선이다. 사과를 생산하는 사과나무가 세상에 상당히 많을 것이고 그렇게 생산된 사과를 소비하는 소비자들도 아주 많다. 이렇게 생산자와 소비자의 수가 많으면 한 명의 생산자나 소비자의 행동이 내게는 무의미해진다. 다시 말해 창석이가 신촌에서 사과를 10개가 아니고 100개를 먹는다고 해도 사과 가격이 오를 일도 없으니 태윤이는 창석이의 행동에 관심을 가질 필요가 없는 것이다.

하지만 생산자나 소비자의 숫자가 소수인 경우에는 이야기가 다르다. <상황 2>의 외딴 무인도에는 사과나무가 한 개뿐이고 사과라고는 15개가 달렸는데, 창석이가 한 번에 10개를 먹게 되면 태윤이는 최대 5개밖에 먹지 못하는 것이다. 창석이가 먹는 사과의 개수가 태윤이의 생사를 좌우할 수도 있다.

태윤이가 창석이의 행동에 전혀 신경 쓰지 않는 <상황 1>과 창석이의 행동 하나하나에 태윤이의 생사가 걸려 있는 <상황 2>는 본질적으로 다르며 따라서 전혀 다른 분석방법이 필요하다. <상황 2>를 설명하기 위해 만들어진 것이 바로 게임이론이다.

결론적으로, 게임이론은 소수의 사람들이 참여하는 상황에서 한 사람의 행동이 다른 사람의 행동에 큰 영향을 주게 되는 상황을 분석하기 위해 만들어진 분석기법이다. 따라서 게임이론에서 사람들은 다른 사람의 행동에 큰 관심을 갖게 되며, 이런 다른 사람의 행동을 자신에게 유리하게 바꾸려고 하는 전략(strategy)적 행동을 하게 된다. 이런 이유로 게임이론을 전략을 연구하는 학문이라고 보는 것이다.

우리가 친구들과 하는 카드 게임을 생각해 보면 게임이론의 게임의 뜻을 알 수 있다. 카드 게임에서 다른 사람들에게 좋은 카드가 주어지고 내게는 나쁜 카드만 주어진다면 그 게임을 이기기는 어렵다. 즉, 다른 사람의 행동이 내게 바로 영향을 미치는 상황이 바로 게임 상황인 것이다. 이런 게임을 할 때 친구 서너 명이 모여서 하기 때문에 당사자들의 숫자가 적은 것도 게임이론의 상황과 일치한다. 만일 수천 명이 모여서 하는 게임이 있다면 그것은 수요공급곡선으로 설명하는 것이 맞을 것이지만 서너 명이 모여서 하는 게임을 수요공급곡선으로는 설명할 수 없고 게임이론이 필요하다.

앞으로 우리는 카드 게임과 비슷한 게임들을 논리적 수학적으로 분석할 것이다. 재미있는 것은 이런 장난 같은 게임들이 현실에서 기업들 간의 치열한 경쟁이나 국가들 간의 협력과 대립에 적용될 수 있다는 것이다.

02

게임의 구성요소와 묘사 방법

게임이론의 목표는 게임을 실제로 해보지 않고도 그 결과를 맞추는 것이다. 앞으로 우리는 게임이론을 배운다고 하면서 실제로는 계속해서 누구누구가 만든 균형(equilibrium)이라는 식으로 많은 균형들을 소개하게 된다. 그런데 이 균형이라는 단어가 품고 있는 뜻은 그 게임의 결과에 대한 예측이다. 게임을 하기도 전에 상대방이 어떤 전략을 쓸 것이고 나는 어떤 전략으로 대응할 것이며 그 결과로 누가 얼마만큼 이득을 볼 것이라고 미리 예측해서 맞출 수 있다면 멋지기도 하지만 이를 이용해서 돈을 벌거나 사회를 바꿀 수도 있기 때문에 게임이론이 중요한 것이다.

그런데 이런 예측의 방법을 배우기 전에 반드시 필요한 것이 풀고자 하는 게임을 정확히 이해하는 것이다. 아무리 계산을 잘하는 사람이라도 문제를 정확히 이해하지 못하고 푼다면 답을 맞출 길이 없기 때문이다.

게임에는 항상 세 가지 요소가 있다. 첫째는 참가자(player)이고,

둘째는 전략(strategy)이며, 셋째가 보상(payoff)이다. 세 가지 요소를 쉽게 이해하는 방법이 바로 예를 통한 것인데 우리는 친숙한 가위바위보 게임을 생각해 보겠다.

태윤이와 창석이가 가위바위보 게임을 한다면 우선 참가자는 태윤과 창석이다. 그리고 전략은 태윤과 창석 모두 가위와 바위와 보의 세 가지 전략을 가지고 있다. 보상은 비기는 경우는 보상이 0이 된다. 게임이론에서는 말보다는 숫자를 선호하기 때문에 이기는 태윤이에게 +1을 부여하고 지는 창석이에게는 −1을 부여한다.

이런 가위바위보 게임을 참가자, 전략, 보상을 종합하여 표시해 보면 다음과 같은 표를 얻을 수 있다.

[가위바위보 게임]

태윤 \ 창석	가위	바위	보
가위	0, 0	−1, 1	1, −1
바위	1, −1	0, 0	−1, 1
보	−1, 1	1, −1	0, 0

게임의 묘사 방법 중 위와 같이 표의 형태를 이용하는 것을 노말 형식(normal form) 또는 스트래티직 형식(strategic form)이라고 부른다. 노말 형식에서는 두 참가자를 왼쪽과 위쪽에 위치시키는데 보상을 나타내는 숫자 중 첫 숫자는 왼쪽 참가자의 보상이고, 둘째 숫

자는 위쪽 참가자의 보상이다. 즉, 위의 게임에서 보상이 1, −1이라면 태윤이가 이기고 창석이가 졌다는 의미이다.

게임을 나타내는 방법에는 노말 형식 외에도 익스텐시브 형식(extensive form)도 있다. 가위바위보 게임을 익스텐시브 형식으로 나타내면 다음과 같다.

[가위바위보 익스텐시브 형식]

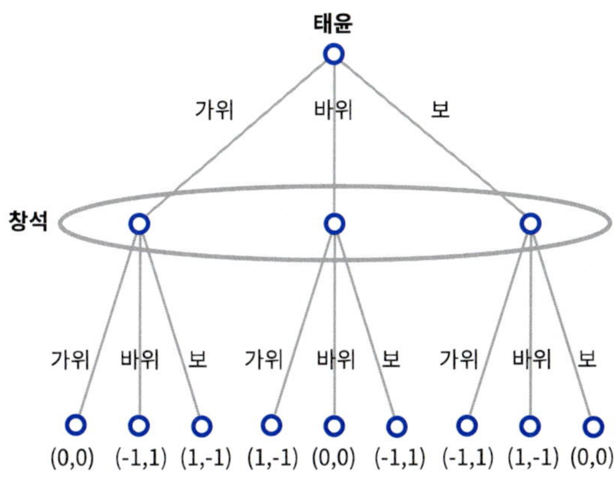

실제로 익스텐시브 형식과 노말 형식에는 약간의 차이가 있다. 노말 형식에서는 태윤과 창석이 가위, 바위, 보 중 하나를 동시에 선택한다고 가정한다. 반대로 익스텐시브 형식에서는 태윤이가 먼저 선택을 하고 창석이가 다음으로 선택한다고 가정한다. 단, 위의 그림에서 창석이의 선택 세 점을 둘러싸는 타원이 그려져 있는데, 이것은 창석이가 태윤의 선택을 관찰할 수 없다는 것을 의미한다. 창석이가 태윤보다 시간적으로 나중에 선택을 하더라도 태윤의 선택을 보지 못한다면 태윤과 창석이 동시에 선택하는 것과 실질적인 차이가 없을 것이며 따라서 우리는 앞의 노말 형식과 익스텐시브 형식이 모두 동일한 가위바위보 게임을 나타낸다고 볼 수 있다.

참고로 위의 익스텐시브 형식에서 창석이의 선택을 둘러싼 타원이 없다면 태윤이가 먼저 가위 바위 보 중에 선택을 하고, 창석이가 태윤이의 선택을 본 뒤에 선택을 하는 창석이에게 절대적으로 유리한 게임이 된다.

연습문제

창석이의 선택을 둘러싼 타원이 없는 익스텐시브 형식과 동일한 게임을 노말 형식으로 나타내 보시오. 이 게임에서 창석은 27개의 전략을 가지게 됨을 참고하시오.

(힌트) 창석은 태윤의 선택을 관찰한 후 자기의 선택을 결정할 수 있다. 따라서 창석의 전략은 “태윤이 가위를 내면 나는 ○을 내고 태윤이 바위를 내면 □을 내며 태윤이 보를 내면 △을 낸다”는 형식이 되어야 한다. ○와 □와 △에는 가위 바위 보 세 가지 선택이 각각 들어갈 수 있기 때문에 창석의 전략의 수는 3×3×3=27이 된다.

연습문제

이솝우화의 “사자와 농부의 딸”이라는 이야기이다. 농부의 딸에게 첫눈에 반한 사자가 농부의 딸에게 결혼하자고 프로포즈를 했다. 당연히 농부의 딸은 사자와 결혼하기 싫었지만, 거절하면 사자가 난동을 피울 것 같아서 다음과 같이 제안을 했다. “이빨과 발톱이 날카로운 사자님과 살려니 겁이 나는데 혹시 이빨과 발톱을 모두 뽑아주시면 결혼하겠습니다.”

사자와 농부의 딸을 두 참가자로 하고 사자의 전략은 “뽑는다” “안 뽑는다”의 두 가지, 농부의 딸의 전략은 “결혼한다” “결혼 안 한다”의 두 가지로 놓고 익스텐시브 형식을 그려보시오. 보상은 적절히 넣어보시오.

연습문제

남자친구와 여자친구가 있는데 여자친구는 결혼을 원하지만 남자는 망설이고 있다. 여자친구는 결혼하지 않으면 당장 헤어지자는 “최후통첩”의 전략을 선택할 수도 있고 “현상유지”를 선택할 수도 있다. 반면 남자친구는 여자친구가 “최후통첩”을 보냈을 때 “결혼”을 선택할 수도 있고 “이별”을 선택할 수도 있다. 이 상황을 익스텐시브 형식으로 그려보시오.

03

도미넌트 균형과 죄수의 딜레마

조상 대대로 원수 집안이었던 태윤이와 창석이가 내일 결투를 벌인다. 태윤과 창석은 집에 총을 한 자루씩 가지고 있으며 서로 상대방이 총을 가졌다는 사실도 알고 있다. 따라서 이 두 사람은 각각 두 가지 전략을 가지고 있는데 "총" 또는 "맨손"이다. "총"은 결투에 총을 가져가서 쓴다는 뜻이고 "맨손"은 결투에 총을 가져가지 않고 맨손으로 싸운다는 뜻이다.

만일 태윤이 "총"을 선택하고 창석이 "맨손"을 선택하면 결투에서 태윤이 쉽게 이길 것인 반면 창석은 치명적인 부상을 입을 것이다. 그 반대의 경우도 마찬가지이다. 두 사람 모두 "총"을 선택하거나 "맨손"을 선택하면 결투의 결과는 무승부이지만 둘 다 "총"을 선택하여 무승부가 되는 경우 두 사람은 더 큰 부상을 입게 된다고 하자. 이런 가정을 반영하여 보상의 크기를 정하면 다음과 같은 노말 형식으로 나타낼 수 있다.[1]

---

1 이 게임은 **죄수의 딜레마**(prisoner's dilemma) 게임과 동일한 구조의 게임이다.

[결투게임]

		창 석	
		총	맨손
태 윤	총	−10, −10	10, −20
	맨손	−20, 10	−5, −5

"게임을 푼다"라는 것을 "게임의 균형을 구한다"라고 표현하는데, 이는 위와 같은 게임을 태윤과 창석이 실제로 수행하면 어떤 결과가 나오는가를 예측함을 의미한다. 즉, "균형＝예측방식"이라고 보면 된다.

그런데 게임이론에는 아주 많은 수의 균형들이 존재하고 지금도 새로운 균형들이 만들어지고 있다. 예를 들어 "내쉬 균형"이라는 말은 "내쉬 교수가 만든 예측 방식"이라고 해석하면 된다. 당연한 일이지만 이 복잡한 현실을 예측하는 방법은 모두 일정 부분 부족한 점이 있다. 따라서 많은 뛰어난 경제학자들이 이런 문제를 해결하기 위해서 새로운 균형을 만들어내고 있는 것이며 우리는 지금부터 그 균형들을 하나씩 학습할 것이다.

그러면 태윤과 창석이 총과 맨손 중에서 선택해야 하는 위의 게임의 결과는 어떻게 될 것이라고 예측하는가? 대부분의 독자들은 태윤과 창석 둘 다 "총"을 선택할 것이라고 예측할 것이다. 즉, 위의 게임의 균형은 (총, 총)이 된다.

주의할 것은 게임의 결과를 예측하여 균형을 구한다는 뜻은 참가자들이 어떤 전략을 선택할 것인지를 예측한다는 것이지 보상을 예측하는 것이 아니라는 점이다. 따라서 위의 게임의 균형을 (−10, −10)이라고 쓰는 것은 틀리다. (총, 총)이라고 써야 한다.

많은 일반인들이 위의 게임의 결과가 (총, 총)이라고 말하겠지만, 막상 그렇게 예측하는 이유를 설명하라고 하면 논리적으로 설명하기는 쉽지 않을 것이다.

경제학자들은 그 이유를 도미넌트 균형(dominant equilibrium)이라는 개념을 이용하여 설명한다. 위의 상황에서 창석이가 맨손으로 오는 경우 태윤은 총과 맨손 중 어느 쪽을 선택하는 것이 유리한가? 태윤은 총을 선택하면 10을 얻고 맨손을 선택하면 −5를 얻는다. 10＞−5이므로 태윤은 총을 선택하는 것이 유리하다. 만일 창석이 총을 선택하는 경우 태윤이 총을 선택하면 −10을 얻지만 맨손을 선택하면 −20을 얻는다. −10＞−20이므로 태윤은 총을 선택하는 것이 유리하다. 결론적으로 창석이가 총을 선택하든 맨손을 선택하든 태윤은 총을 선택하는 것이 유리하다. 이렇듯 상대방이 어느 전략을 선택하든 관계없이 항상 자신의 보상을 극대화시켜주는 전략이 도미넌트 전략이다. 이를 수학적으로 정확히 정의하면 다음과 같다.

참가자 i의 전략 s_i^*가 참가자 j의 어떤 전략 s_j와 참가자 i의 전략 중 s_i^*를 제외한 어떤 s_i에 대해서도 다음을 만족하는 경우 s_i^*를 도미넌트 전략(dominant strategy)이라고 부른다.

$$u_i(s_i^*, s_j) > u_i(s_i, s_j)$$

그리고 참가자들 모두가 도미넌트 전략을 선택하는 것을 도미넌트 균형이라고 부른다. (여기서 $u_i(s_i, s_j)$는 참가자 i와 j가 전략 (s_i, s_j)을 선택했을 때 참가자 i가 얻게 되는 보상을 의미한다.)

증명은 생략하겠으나 도미넌트 균형은 두 가지의 아주 큰 장점과 한 가지의 치명적인 단점을 가지고 있다. 이를 정리해 보면 아래와 같다.

도미넌트 균형의 장점	도미넌트 균형의 단점
• 도미넌트 균형을 통하여 얻은 결과의 예측은 아주 높은 정확도를 가진다. • 도미넌트 균형은 여러 개의 균형이 존재하지 않는다. (이것이 왜 장점인지는 차차 알게 됨)	• 많은 게임에서 도미넌트 균형은 존재하지 않는다.

게임의 결과를 예측한다는 의미에서 게임이론 경제학자는 점쟁이들과 공통점을 갖고 있다.[2] 점쟁이에 비유하여 말하자면 도미넌트 균형은 한번 점괘가 나오면 백발백중으로 맞추는 점쟁이인 셈이다. 그리고 점괘가 항상 한 가지로 나온다. 예를 들어 서쪽에서 귀인이 와서 도와준다는 식으로 어느 사람에게 도움을 받으면 좋을지 모르게 애매한 점괘가 아니고 어떤 주소에 살고 있는 이충녕 씨를 찾아

2 물론 일반 점쟁이보다 게임이론 경제학자들은 수학을 사용하여 더 권위 있게 보이기는 한다.

가면 도와준다는 식의 명료한 점괘를 주는 것이다. 그런데 많은 경우에 대해서는 점괘가 나오지 않는다는 것이 도미넌트 균형의 치명적인 단점이다.

[생각해 보기] 도미넌트의 뜻

태윤이와 창석이의 국어 영어 수학 점수가 다음의 표와 같다고 하자

	국어	영어	수학
태윤	85	80	95
창석	90	95	80

태윤과 창석 중 누가 더 뛰어난 학생인지를 묻는다면 사람마다 의견이 다를 것이다. 영문과 교수님은 창석이가 국어와 영어를 잘하니 창석이가 우수하다 할 것이고 수학과 교수님은 태윤이가 수학을 훨씬 잘하니 태윤이가 우수하다고 할 것이다. 그럼 규성이의 점수가 다음과 같을 때 셋을 비교하면 어떨까?

	국어	영어	수학
규성	95	100	100

이제 모든 사람이 규성이가 태윤이나 창석이보다 우수하다고 할 것이다. 그 이유는 세 과목 모두 규성이가 가장 뛰어나기 때문이다. 이런 경우 규성이를 도미넌트(dominant)하다고 한다.

도미넌트 전략도 이런 의미이다. 다른 전략에 비해서 언제나 가장 우수한, 즉 가장 높은 보상을 가져다주는 전략이라는 의미에서 도미넌트란 이름을 얻게 된 것이다.

3-1. 도미네이티드 전략의 반복적 소거(iterated deletion)

[소거게임] **창 석**

		왼쪽	가운데	오른쪽
	위	2,3	4,2	3,4
태 윤	중간	3,2	1,1	4,0
	아래	2,2	0,0	5,1

두 참가자 태윤과 창석에게 각각 3개의 전략이 주어지고 그에 따른 보상이 위와 같을 때 태윤과 창석은 어떤 전략을 선택할 것인가? 실제로 위의 게임을 일반인에게 이해시키고 해보도록 하면 가장 많이 나오는 선택은 (중간, 왼쪽)이다. 즉, 위의 게임의 균형이 (중간, 왼쪽)인 것이다. 경제학자들은 이 균형을 어떻게 구하고 어떻게 정당화시킬까?

이 게임의 풀이에 사용되는 개념을 도미네이티드 전략(dominated strategy)이라고 부른다. 앞의 총과 맨손 게임에서 총이 도미넌트 전략이라면 맨손은 총에 비해 도미네이티드 전략인 것이다. 게임 참가자는 도미네이티드 전략은 결코 선택하지 않을 것이다.

위의 게임에서는 도미넌트 전략은 존재하지 않지만 도미네이티드 전략은 존재한다. 창석의 "왼쪽"과 "가운데"를 비교해 보면 태윤이 "위" "중간" "아래"를 택함에 따라서 3>2, 2>1, 2>0으로 항상 "왼쪽"을 선택하면 "가운데"를 선택하는 것보다 큰 보상을 받게 된다. 달리 표현하면 창석은 "가운데"를 선택하기보다는 "왼쪽"을 선택하는 것이 항상 좋으며 따라서 "가운데"는 도미네이티드 전략인 것이다.[3] 창석은 결코 도미네이티드 전략인 "가운데"를 선택하지 않을 것이다. 그런데 이는 창석이뿐 아니라 창석의 상황을 완벽히 파악하고 있는 태윤 또한 알고 있으며, 따라서 위의 게임은 마치 창석이 "왼쪽"과 "오른쪽"의 두 전략만을 가지고 있는 다음과 같은 게임으로 변환된다.

		창 석	
		왼쪽	오른쪽
태 윤	위	2,3	3,4
	중간	3,2	4,0
	아래	2,2	5,1

이번에는 태윤의 전략 중 "중간"이 "위"보다 항상 더 높은 보상을 주기 때문에 "위"가 도미네이티드 전략이 된다. 따라서 태윤은 "위" 선택하지 않을 것이고 창석도 이를 알고 있는데 이를 반영하면 다음과 같은 게임으로 변환된다.

		창 석	
		왼쪽	오른쪽
태 윤	중간	3,2	4,0
	아래	2,2	5,1

---

3 그러나 "왼쪽"과 "오른쪽"의 두 전략 사이에는 도미네이티드 관계가 성립하지 않는다. 따라서 "왼쪽"을 도미넌트 전략이라고 말할 수는 없다. 즉, 도미넌트가 되려면 **다른 모든 전략들보다** 항상 유리해야 하지만, 도미네이티드는 **다른 한 전략에** 비해서만 항상 불리하면 성립된다.

여기서 우리는 창석의 "오른쪽"이 도미네이티드임을 확인할 수 있으며 창석이 "오른쪽"을 택하지 않을 것임을 추측하여 알고 있는 태윤은 결국 "중간"을 선택할 것임을 예측할 수 있다. 그 결과 이 게임의 결론은 (중간, 왼쪽)으로 예측되는 것이다.

이렇게 도미네이티드 전략을 하나씩 소거해서 균형을 얻는 방법은 "도미네이티드 전략의 반복적 소거를 통해 얻는 균형"이라고 부른다. 증명은 생략하겠으나 이렇게 얻은 균형은 도미넌트 균형과 동일한 성질을 갖게 된다.

연습문제

다음 게임에서 도미네이티드 전략의 반복적 소거를 통해 균형을 구하시오.

	S1	S2	S3
T1	3,5	4,3	6,4
T2	2,4	6,6	4,3
T3	5,3	5,5	2,1

3-2. 의료보험 재원 고갈 문제

태윤, 창석, 규성은 병원에서 비싼 MRI를 찍을 수도 있고 아니면 저렴한 X-ray를 찍을 수도 있다. 물론 MRI로 검사를 하면 보다 정확한 진단이 가능하여 60의 효과를 보지만 촬영비용은 42이므로 순수한 이익은 60－42＝18이다. 반면 X-ray는 정확도가 떨어져서 36

의 효과를 보지만 촬영비용은 9밖에 되지 않으므로 순수한 이익은 36－9＝27이 된다. 당연히 이 세 참가자는 X-ray를 선택하는 것이 좋다. 그런데 이 셋이 의료보험을 만들어서 누군가가 아파서 의료비가 발생하면 1/3씩 나누어 내기로 했다고 하자. 이런 의료보험은 큰 병이 나서 치료비용이 감당이 되지 않는 경우 서로 도와서 치료가 가능하게 하려는 의도에서 만든 제도이다.

그런데 이 경우 세 참가자의 선택은 어찌될 것인가? 태윤의 입장에서 생각해 보자.

(1) **창석과 규성이 모두 X-ray를 선택한 경우** : 이 경우 태윤은 일단 창석과 규성을 위해서 각각 9÷3＝3을 지출해야 한다. 여기서 태윤이 X-ray를 선택하면 9의 비용 중 6은 창석과 규성이 내줄 것이므로 태윤의 순이익은 36－3－3－3＝27이 된다. 반면 태윤이 MRI를 선택하면 비용 42 중에서 28을 창석과 규성이 대신 지불할 것이므로 태윤은 14만 부담하면 되고 순이익은 60－14－3－3＝40이 된다. 즉, 이 경우 태윤은 MRI가 X-ray보다 좋다.

(2) **창석과 규성이 모두 MRI를 선택한 경우** : 위와 같은 논리에 따라 태윤이 X-ray를 선택하면 태윤의 순이익은 36－3－14－14＝5가 된다. 이때 14는 MRI의 비용 42의 1/3에 의해 계산된 값이다. 반면 태윤이 MRI를 선택하면 태윤의 순이익은 60－14－14－14＝18이 된다. 즉, 이 경우에도 MRI가 X-ray보다 좋다.

(3) 창석과 규성이 한 명은 MRI, 다른 한 명은 X-ray를 선택한 경우: 역시 같은 논리에 따라 태윤이 X-ray를 선택하면 태윤의 순이익은 36－3－14－3＝16이 된다. 반면 태윤이 MRI를 선택하면 태윤의 순이익은 60－14－14－3＝29가 된다. 즉, 이 경우에도 MRI가 X-ray보다 좋다.

결국 창석과 규성이 어떤 전략을 선택하든 태윤에게는 MRI가 가장 유리한 선택이며 따라서 MRI는 도미넌트 전략인 것이다. 같은 논리를 창석과 규성에게도 적용할 수 있으므로 이 게임의 도미넌트 균형은 (MRI, MRI, MRI)가 된다.

이 의료보험 게임의 결과가 MRI로 나온다는 것은 현실에서 심각한 문제가 일어나고 있음을 의미한다. 많은 환자들이 X-ray로 해야 할 진료를 MRI로 하면서 과잉진료의 문제가 발생하여 의료보험 기금이 고갈된다는 것을 예측하기 때문이다.

연습문제

어떤 바닷가 마을에 두 어부 태윤과 창석이 살고 있다. 두 사람이 낚시를 할 때 "자제"를 선택하여 물고기를 조금만 잡으면 오랫동안 꾸준한 어획량을 유지하여 상당한 이익을 올릴 수 있지만, "남획"을 하면 물고기가 새끼를 낳지 못하여 어획량이 급감하고 이익이 크게 줄어든다.
반면 태윤은 "자제"를, 창석은 "남획"을 택하면 창석은 큰 이익을 얻지만, 태윤은 큰 손해를 본다. 이런 실제 상황을 노말 형식의 게임으로 그리고 도미넌트 균형을 찾아보시오.

04

내쉬 균형Nash Equilibrium과 그 의미

[운전게임]

		창석	
		왼쪽 운전	오른쪽 운전
태윤	왼쪽 운전	1,1	−1, −1
	오른쪽 운전	−1, −1	1,1

위의 노말 형식은 태윤과 창석이라는 두 참가자가 자동차를 운전함에 있어 길의 왼쪽으로 운전할 것인가 아니면 오른쪽으로 운전할 것인가를 선택하는 게임을 나타내고 있다. 현실에서 한국, 미국, 프랑스 등의 국가는 오른쪽으로 운전하도록 되어 있고, 영국과 일본 등의 국가에서는 왼쪽으로 운전하도록 되어 있는데, 이는 왼쪽과 오른쪽으로 운행하는 차들이 같은 도로에서 운행될 경우 대형 사고가 일어나기 때문이다. 이를 반영하여 위의 그림에서는 두 참가자가 같은 방향에서 운전하면 1의 보상을 얻지만 다른 방향에서 운전하면 −1의 보상을 얻도록 되어 있다.

우선 확실한 것은 이 게임에는 도미넌트 또는 도미네이티드 전략이 없다는 점이다. 창석이 왼쪽으로 운전하면 태윤도 왼쪽이 좋고, 창석이 오른쪽을 선택하면 태윤도 오른쪽이 좋으니 항상 좋거나 항상 나쁜 전략은 없다. 따라서 도미넌트 전략에 의한 결과의 예측은 불가능한 게임이다.

이런 문제를 해결한 사람이 영화 "뷰티풀 마인드" 주인공 존 내쉬 교수이다. 내쉬 교수는 위의 게임에서 다음 두 가지 균형들 중 하나가 일어날 것으로 예측한다. (왼쪽, 왼쪽) 또는 (오른쪽, 오른쪽)이 그 두 가지 균형들이다.[4]

내쉬 교수가 주장한 내쉬 균형의 아이디어는 다음과 같다.

일단 태윤과 창석이 (왼쪽, 왼쪽)을 선택하여 운전을 한다고 해보자. 두 운전자는 각각 1의 보상을 얻고 있다. 그런데 이때 태윤이 갑자기 "오른쪽"을 선택하면 태윤의 보상은 −1로 변하여 태윤의 보상은 낮아진다. 따라서 태윤은 현재의 전략을 바꿀 이유가 없다. 이는 창석의 경우도 마찬가지이다. 즉, 내쉬 균형에서는 어떤 참가자도 현재의 전략을 변경할 리가 없는데 변경하여 보상이 높아지지 않기 때문이다.

내쉬 균형의 전략을 일단 참가자들이 선택하면 어떤 참가자도 그 전략을 변경할 이유가 없다. 즉, 참가자가 자신의 전략을 변경해도 보상이 높아지지 않는 상황이 내쉬 균형이다.

---

4 다음 장에서 **혼합전략**(mixed strategy)를 학습하면 균형이 하나 추가되어 세 개로 바뀐다는 것을 미리 말해둔다.

보다 엄밀하게 정의하면 다음과 같다.

참가자들의 전략 (s_i^*, s_j^*)가 참가자 i의 어떤 전략 s_i나 참가자 j의 어떤 전략 s_j에 대해서 다음 조건을 만족하는 경우 (s_i^*, s_j^*)를 내쉬 균형(Nash Equilibrium)이라고 부른다.

$$u_i(s_i^*, s_j^*) \geq u_i(s_i, s_j^*)$$

$$u_j(s_i^*, s_j^*) \geq u_j(s_i^*, s_j)$$

내쉬 균형의 정의는 도미넌트 균형의 정의를 포함한다. 즉, 도미넌트 균형이 존재하면 이것은 자동적으로 내쉬 균형이 된다.

주의할 점은 존 내쉬 교수가 내린 내쉬 균형의 정의는 어떤 전략 (s_i, s_j)가 내쉬 균형인지 아닌지를 판별하게는 해주지만 어째서 참가자들이 (s_i, s_j)를 애초에 선택하였는지에 대해서는 아무 말도 하지 않고 있다는 점이다. 내쉬 균형에 조금 익숙해진 학생들이 자주 하게 되는 오해와 혼란이 여기서 비롯되기 때문에 미리 주의를 주는 바이다.

도미넌트 균형과의 차이점은 도미넌트 균형의 경우에는 강부등호(>)로 정의되었지만 내쉬 균형에서는 약부등호(≥)로 정의된다는 점이다. 예를 들어 다음의 두 게임에서 (A,C), (A,D), (B,C), (B,D)가 모두 내쉬 균형이다.

[약부등호게임1]

	C	D
A	1,1	0,1
B	1,0	0,0

(행: 태 윤, 열: 창 석)

[약부등호게임2]

	C	D
A	1,1	1,1
B	1,1	1,1

(행: 태 윤, 열: 창 석)

이상에서 즉시 알 수 있는 것이 바로 한 게임에서 내쉬 균형은 여러 개가 존재할 수 있다는 사실이다. 게임에 따라서는 내쉬 균형이 하나만 존재하기도 하지만 내쉬 균형이 다수가 존재하는 경우가 훨씬 더 많다. 이런 점이 내쉬 균형이 게임의 결과를 예측함에 있어 가장 큰 문제점이라고 볼 수 있다. 균형이 하나라면 "이 게임의 결과는 **입니다."라고 말할 수 있지만, 균형이 세 개라면 "이 게임의 결과는 **이거나 ##이거나 $$입니다."라고 말해야 하니 이런 예측을 믿고 어떤 일을 하기가 힘들기 때문이다.[5]

---

5 내쉬 균형이 예측하는 게임의 결과는 우리의 상식과 맞지 않는 경우가 많다는 것을 미리 경고하고자 한다. 내쉬 균형은 그 예측의 정확성에 의미가 있다기보다는 게임이론의 초창기에 나온 선구적인 개념이라고 생각하면 옳다. 게임이론의 시발점이 된 중요한 개념이지만, 당연히 부족한 점이 있기 때문에 지금도 새로운 균형에 대한 연구가 계속되고 있다.

하지만 존 내쉬 교수가 내쉬 균형을 정의하면서 게임이론이라는 학문 분야가 시작됐다고 말할 정도로 중요한 개념인데 그 결정적인 이유는 내쉬 균형이 (실질적으로) 모든 게임에서 존재하기 때문이다. 처음 경제학자들이 도미넌트 균형을 생각해 냈을 때는 개념 자체는 훌륭하였으나 대부분의 게임에서 균형을 찾지 못한다는 큰 단점 때문에 게임이론이 하나의 학문 분야로 성장하지 못하였다. 그런데 내쉬 균형은 거의 모든 게임에서 존재한다는 것이 증명되자 게임이론이 학문 분야로 인정되고 본격적으로 연구가 시작된 것이다.[6]

내쉬 균형의 장단점을 정리해 보자.

내쉬 균형의 장점	내쉬 균형의 단점
• 모든 게임에 존재한다.	• 균형이 다수 존재하는 경우가 많은데 그 중 어느 균형이 실제로 일어날지에 대해 아무 설명이 없다. • 내쉬 균형 중에서 현실의 상식에 맞지 않는 것들도 있다. (그래서 이 점을 개선하고자 경제학자들이 새로운 균형들을 만들고 있다.)

초등학교 때 친한 친구였다가 연락이 끊겼던 태윤이와 창석이가 우연히 길에서 만났고 너무 반가워서 일요일 12시에 백화점 식당가

6 전략의 숫자가 유한한 게임에는 내쉬 균형이 항상 존재한다는 것이 증명되어 있다. 전략의 숫자가 무한한 경우에도 내쉬 균형은 존재하는 경우가 많지만 존재하지 않을 수도 있다. 현실에서 전략의 숫자가 아무리 많더라도 무한히 많기는 어렵다는 점을 고려하면 내쉬 균형은 항상 존재한다고 볼 수 있다.

에서 만나자고 하고 헤어졌다. 문제는 알고 보니 그 백화점에는 지하1층, 5층, 10층 이렇게 세 곳에 식당가가 있는 것이었다. 설상가상으로 두 사람이 전화번호도 교환하지 않았고, 같은 층으로 가지 않으면 두 친구는 만나지 못하는 상황일 때 이를 노말 형식으로 나타내면 다음과 같다.

[약속게임]

		창 석		
		지하1층	5층	10층
태 윤	지하1층	1,1	0,0	0,0
	5층	0,0	1,1	0,0
	10층	0,0	0,0	1,1

당연히 (지하1층, 지하1층), (5층, 5층), (10층, 10층) 이렇게 세 개의 내쉬 균형들이 존재한다. 만일 내쉬 균형이 미래를 정확히 예측한다면 태윤과 창석은 이 세 장소 중 한 곳에서 반드시 만나야 한다. 하지만 현실에서는 태윤은 지하1층에서 기다리고 창석은 10층에서 기다려서 결국 만나지 못하는 상황이 발생한다. 노벨경제학상 수상자인 내쉬 교수의 이론이 틀린 것인가? 이에 답하기 위해서는 내쉬 균형의 정의를 다시 한번 자세히 들여다볼 필요가 있다.

내쉬 균형의 정의는 일단 태윤과 창석이 예를 들어 (5층, 5층)을 선택하기로 하면 아무도 선택을 바꿀 이유가 없다는 것이다. [약속

게임]에서 (5층, 5층)을 하면 태윤과 창석 모두 1을 얻지만 한 명이 선택을 바꾸면 0을 얻게 되므로 바꿀 이유가 없는 것이다. 따라서 내쉬 균형의 정의는 마치 태윤과 창석 두 사람이 이미 (5층, 5층)을 하기로 약속을 한 상태인 듯한 의미를 내포하고 있다. 이런 내쉬 균형의 깊은 의미를 노골적으로 드러내서 다시 말하면 다음과 같다.

"내쉬 균형은 법이나 타인에 의해 강제되지 않는 참가자들 사이에 약속이지만 아무도 그 약속을 깰 이유가 없는 상황을 의미한다."

결국 내쉬 균형은 태윤과 창석이 그저 우연히 5층에서 만난다는 것이 아니라 이미 5층에서 만나기로 약속하고 만난다는 뜻이다. 생각보다는 내쉬 균형은 좀 실망스러운 예측이라고 할 수 있다. <운전게임>을 예로 들면 자동차가 한 대도 없던 나라에 사람들이 차를 몰게 되면 모두 다 왼쪽으로 몰거나 모두 오른쪽으로 몬다는 뜻이 아니고 운전을 시작하기 전에 운전자들이 모두 모여서 "우리나라에서는 오른쪽으로 차를 몰자"라고 합의할 경우 아무도 왼쪽으로 몰지 않는다는 것이 내쉬 균형의 진정한 의미인 것이다.

내쉬 균형은 반드시 참가자들 사이의 약속일 필요는 없고 관습이나 통념에 의해 정해지기도 한다. 예를 들어 형제들 사이에 특별한 약속을 하지 않더라도 설날이나 추석이면 부모님 댁에서 모이는 것도 내쉬 균형이라고 볼 수 있는데 이는 전통과 관습에 의한 내쉬 균형인 것이다.

연습문제

다음 게임에서 내쉬 균형을 구하시오.

	T1	T2	T3
S1	1,9	4,4	6,2
S2	8,4	5,5	0,1
S3	9,1	3,4	1,7

연습문제

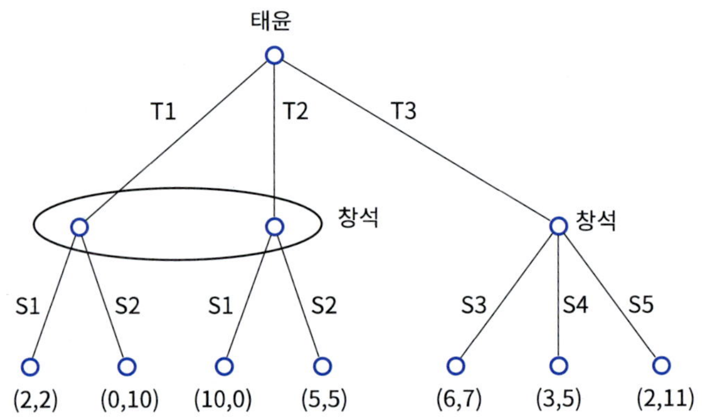

(1) 이 게임을 노말 형식으로 나타내 보시오.

(2) 이 게임의 내쉬 균형을 찾아보시오.

4-1. 내쉬 균형의 응용 – 쿠르노 경쟁(Cournot competition)

신촌에서 호떡을 파는 사람은 태윤과 창석 두 집뿐이다. 두 호떡집은 호떡 1개당 1원의 생산비용이 발생한다. 신촌의 호떡 수요를 나타내는 식은 $q=20-p$이다. (이때 q는 호떡의 판매량이고 p는 호떡의 가격이다. 19세기 프랑스의 수학자 쿠르노는 기업들이 가격을 결정하지는 못하지만 판매량을 결정할 수 있다고 보았고, 이에 따라 생긴 용어가 쿠르노 경쟁 모형이다. 태윤(T)과 창석(C)이 쿠르노 경쟁을 하면 각각 자신의 판매량 q_T와 q_C만을 결정하고 $q_T+q_C=q$를 수요곡선의 식에 넣어서 가격이 결정될 것이다. 이때 태윤과 창석의 이윤은 다음과 같다.

$$\pi_T = [20-(q_T+q_C)-1]q_T$$

$$\pi_C = [20-(q_T+q_C)-1]q_C$$

태윤과 창석은 모두 판매량을 조정하여 자신의 이윤을 극대화하고자 할 것이다. 그런데 이 둘의 이윤을 결정하는 요소에는 자신의 판매량뿐 아니라 다른 호떡집의 판매량도 포함되어 있는데 바로 이 때문에 이 상황아 게임 상황이 된다. 즉, 참가자는 태윤 창석이고 전략은 q_T와 q_C이며 보상은 π_T와 π_C인 게임이다. 따라서 이 게임의 내쉬 균형이 (q_T^*, q_C^*)라면 태윤은 창석이 q_C^*의 판매량을 선택하는 한 자신은 q_T^*의 판매량을 선택할 때 이윤이 극대화되고, 창석은 태윤이 q_T^*의 판매량을 선택하는 한 자신은 q_C^*의 판매량을 선택할 때 이윤이 극대화되어야 한다.

이윤 극대화는 이윤함수를 판매량으로 미분하여 얻을 수 있는데 다음과 같다.

$$\frac{d\pi_T}{dq_T} = 20 - (2q_T + q_C) - 1 = 0$$

$$\frac{d\pi_C}{dq_C} = 20 - (q_T + 2q_C) - 1 = 0$$

내쉬 균형 (q_T^*, q_C^*)는 위의 식을 만족시켜야 하므로 계산해 보면 $q_T^* = q_C^* = \frac{19}{3}$이다.

연습문제

이제 신촌에서 태윤, 창석, 규성의 세 명의 호떡 판매자가 쿠르노 경쟁을 한다고 생각해 보자. 시장의 수요곡선은 Q=100-P로 주어지고 태윤의 한계 비용은 1, 창석의 한계 비용은 2, 그리고 규성의 한계 비용은 3이라고 한다. 이때 내쉬 균형을 구하시오.

4-2. 내쉬 균형의 응용 – 베르뜨랑 경쟁(Bertrand competition)

두 기업의 경쟁을 다루는 모형으로 쿠르노 경쟁 이외에 베르뜨랑 경쟁이라는 것이 있다. 기업의 전략 선택은 생산량 q라고 본 쿠르노와 달리 베르뜨랑은 기업의 전략 선택은 가격이 p라고 생각했다. 따라서 베르뜨랑 경쟁에서 태윤과 창석의 호떡집은 p_T와 p_C을 선택하게 된다. 이때 내쉬 균형을 구해보자.

균형을 구하기 위해서는 베르뜨랑 경쟁에 대해 추가적인 가정들을 소개해야 한다. 우선 태윤과 창석의 호떡집은 품질과 맛에서 동일한 호떡을 만들고 있으므로 소비자들은 조금이라도 가격이 저렴한 호떡을 구매한다고 가정하겠다. 만일 태윤과 창석의 가격이 동일하면 소비자는 정확히 50%씩 나뉘어 각각의 호떡을 살 것이라고 가정한다. 그리고 신촌에서는 아주 가격이 크게 오르지 않는 한 1,000명의 소비자들이 호떡을 구매한다고 가정하겠다. 태윤과 창석의 생산 단가는 항상 1이다.

지금부터 우리는 두 참가자의 가격인 p_T와 p_C가 가질 수 있는 모든 가능성을 점검하여 그 중 어떤 것이 내쉬 균형이 될 수 있는지 파악해 보겠다.

본격적인 분석에 앞서서 우리는 $p_T \leq p_C$라는 가정하에 분석을 하겠다. 태윤과 창석의 호떡집은 주인만 다를 뿐 모든 면에서 동일한 가게이므로 만일 $p_T \leq p_C$하에서 어떤 내쉬 균형이 존재하면 $p_C \leq p_T$하에서도 존재할 것이기 때문이다. 존재하지 않는 경우도 마찬가지이다.

우리가 지금부터 사용할 논리는 일단 내쉬 균형이 성립되면 어떤 참가자도 전략을 바꾸어서 더 높은 보상을 얻을 수 없다는 내쉬 균형의 정의이다.

① $p_T < p_C \leq 1$인 경우에는 소비자 전원이 태윤의 호떡을 사지만

태윤의 가격이 비용보다 낮으므로 이익은 음의 값을 갖고 창석의 이윤은 0이다. 그런데 이 상황은 내쉬 균형이 될 수 없는데 이유는 태윤이 $1 < p_T$로 가격을 올리면 이윤이 0으로 올라가므로 내쉬 균형의 정의에 맞지 않기 때문이다.

② $p_T = p_C < 1$인 경우에는 태윤과 창석은 각각 500명의 소비자에게 판매하지만 둘 다 음의 이윤을 얻게 된다. 당연히 누구라도 1보다 높게 가격을 올리면 이윤이 0으로 오르기 때문에 내쉬 균형이 될 수 없다.

③ $p_T \leq 1 < p_C$인 경우에는 역시 현재 0 또는 음의 이윤을 얻는 태윤이 $1 < p'_T < p_C$로 가격을 올리면 양의 이윤을 얻을 수 있으므로 내쉬 균형이 될 수 없다.

④ $1 < p_T \leq p_C$인 경우에는 창석이 $p'_C = p_T - \epsilon$로 가격을 책정함으로써(이때 ϵ은 아주 작은 양수) 1,000명의 소비자 모두에게 호떡을 판매하면서 이전보다 이윤을 크게 올릴 수 있으므로 내쉬 균형이 아니다.

⑤ $1 \leq p_T < p_C$인 경우에는 창석의 이윤은 0이고 태윤은 0또는 양의 이윤을 얻고 있다. 그런데 이때 태윤은 $p'_T = p_C - \epsilon$로 가격을 올리는 것이 가능하다(이때 ϵ은 아주 작은 양수, 예를 들어 $\epsilon = \frac{p_C - p_T}{2}$). 이렇게 새로이 책정된 태윤의 가격에서 태윤은 여전히 1,000명의 고객들 모두에게 호떡을 팔면서도 가격을 높임으로써 이윤이 올라간다. 따라서 내쉬 균형이 아니다.

⑥ $1 = p_T = p_C$인 경우에는 태윤과 창석의 이윤이 모두 0이다. 만

일 태윤이 가격을 내린다면 태윤은 음의 이윤을 얻게 된다. 반면 태윤이 가격을 올리면 모든 소비자를 잃지만 이윤은 여전히 0이므로 올라가지 않는다. 이렇게 이윤을 올릴 방법이 없기는 창석도 마찬가지이다. 따라서 이 가격은 내쉬 균형의 정의를 충족한다.

우리는 ①~⑥에서 태윤과 창석이 선택할 수 있는 모든 가격의 조합들을 살펴보았다. 그 결과 $1 = p_T = p_C$만이 내쉬 균형의 조건을 충족함을 알 수 있었다.

연습문제

태윤과 창석의 호떡 가게들이 다시 베르뜨랑 경쟁을 한다고 생각해 보자. 다만 태윤의 한계 비용은 여전히 1이지만 창석의 한계비용은 이보다 높은 2라고 한다. 이때 내쉬 균형을 구하시오.

4-3. 내쉬 균형의 다른 응용들 - 코디네이션 게임 등

태윤과 창석은 공동으로 회사를 만들었다. 그리고 태윤은 영업을 담당하고, 창석은 생산을 담당하기로 하였다. 두 사람이 모두 열심히 일하면 회사의 이윤은 10이 되어 한 사람당 5를 얻을 수 있지만, 한 사람이라도 게으름을 피우면 회사의 이익은 0이 된다. 반면 열심히 일하는 사람은 비용이 2가 발생하고 게으름을 피우면 비용이 0

이 발생한다. 이를 이용하여 노말 형식을 그리면 다음과 같아진다.

[영업 – 생산게임] 창 석

태 윤		열심	게으름
	열심	(5－2＝)3, (5－2＝)3	(0－2＝)－2, (0－0＝)0
	게으름	(0－0＝)0, (0－2＝)－2	(0－0＝)0, (0－0＝)0

이 게임에는 두 개의 내쉬 균형이 있는데 (열심, 열심)과 (게으름, 게으름)이다.

두 사람이 잘 협조해서 열심히 일하기로 하면 모두 3의 보상을 얻지만, 상대가 열심히 할지에 대해 협조와 믿음이 없으면 둘 다 게으름을 택하여 0을 얻게 된다는 예측이다. 경제학자들은 두 사람 모두 3을 얻는 (열심, 열심)을 좋은 내쉬 균형이라고 하고, 두 사람 모두 0을 얻는 (게으름, 게으름)을 나쁜 내쉬 균형이라고 한다. 현실에서는 항상 (열심, 열심)이 되지 않을까 생각하는 사람이 있을지 모르지만, 실제로는 나쁜 내쉬 균형에 빠져서 헤어나오지 못하는 회사도 많이 있다. 일반인들이 이야기하는 윈윈(win-win) 게임이 바로 이 영업－생산 게임인데, 두 사람 모두 "열심"을 택하면 두 사람 모두 3을 얻어서 윈윈한다는 의미이다. 경제학자들은 이런 게임을 참가자들 사이에 협조와 조정이 필요하다고 하여 코디네이션 게임이라고 부른다.

다음과 같은 간단하지만 아주 중요한 의미를 갖는 코디네이션 게임도 있다.

[MS－애플게임]

태윤 \ 창석	애플	MS
애플	5, 5	1, 1
MS	1, 1	3, 3

위의 게임은 컴퓨터를 선택할 때 “애플”로 할 것인가 아니면 “MS”로 할 것인가를 결정하는 게임이다. 가정은 애플이 MS에 비해 더 우수하지만 태윤과 창석은 공동으로 작업하는 경우가 많아서 어느 컴퓨터를 쓰는가 보다 중요한 것이 바로 둘이 같은 컴퓨터를 써야 한다는 것이다. 즉, 다른 친구들이 모두 MS를 쓰는데 자기만 애플을 쓰면 이유도 없이 소외당하여 왕따가 되는 것이다. 내쉬 균형은 (애플, 애플)과 (MS, MS)의 두 개가 존재한다. 컴퓨터 초기의 역사를 보면 애플은 가격을 높게 책정한 반면 MS는 무료에 가까울 만큼 저가로 프로그램을 제공하였는데, 그래서 초기에 대부분의 소비자들이 MS를 선택하였고 결국 사회는 (MS, MS)균형으로 가게 되었다. 그 이후에는 MS가 가격을 올리더라도 소비자들은 대부분의 친구들이 MS를 쓰고 있기 때문에 MS를 선택할 수밖에 없는 상황이 된 것이다. 내쉬 균형의 의미가 한번 시작하면 전략을 변경하여 나오지 않게 된다는 것인데 정확히 그런 상황이 벌어진 것이다. 코

디네이션 게임 상황에서는 초기에 가격을 높이는 것보다 자기에게 유리한 내쉬 균형이 형성되도록 하는 것이 중요하다는 사실을 빌 게이츠가 알고 있었던 것은 아닐까?

연습문제

창석과 규성이 동시에 하나의 숫자를 적어내는 게임을 생각해 보자. 두 참가자는 0보다 작지 않은 실수(분수와 무리수 포함)를 적어내는데 창석의 숫자를 x라고 하고 규성의 숫자를 y라고 하자. 만일 $x < y$이면 창석이 이기고 규성은 창석에게 x 금액의 돈을 주어야 한다. 반대로 $x > y$이면 규성이 이기고 창석은 규성에게 y 금액의 돈을 주어야 한다. 만일 $x = y$라면 무승부로서 돈을 주고 받지 않는다. 이 게임의 내쉬 균형을 구하시오.

연습문제

태윤과 창석이 홀짝 게임을 한다. 테이블 위에 동전이 두 개 있는데 태윤은 동전을 1개 또는 2개를 집는다. 이때 창석은 태윤이 동전을 몇 개 집었는지 관찰할 수 있다. 그리고 창석은 태윤이 집은 동전의 개수를 맞추는 게임이다. 태윤이 집은 동전의 개수를 창석이 맞추면 태윤은 −10을 창석은 10을 얻는다. 반대로 창석이 맞추지 못하면 태윤은 10을 창석은 −10을 얻는다.

(1) 이 게임의 익스텐시브 형식을 그리시오.

(2) 이 게임의 노말 형식을 그리시오.

(3) 이 게임의 내쉬 균형을 구하시오.

05

혼합mixed 내쉬 균형

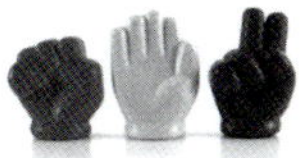

[가위바위보 게임]

창석

태윤		가위	바위	보
	가위	0, 0	−1, 1	1, −1
	바위	1, −1	0, 0	−1, 1
	보	−1, 1	1, −1	0, 0

우리가 잘 아는 가위바위보 게임이다. 그런데 이 게임에서 내쉬 균형을 찾을 수 있겠는가? 위의 노말 형식에 제시된 아홉 개의 조합 중 어떤 것도 내쉬 균형이 될 수 없다. 그렇다면 모든 게임에 내쉬 균형이 존재한다고 한 것이 사실이 아니란 말인가? 아니다 내쉬 균형은 존재한다. 다만 내쉬 균형에는 앞에서 언급한 순수전략(pure strategy) 내쉬 균형 외에 혼합전략(mixed strategy) 내쉬 균형이 있으며 가위바위보 게임에는 순수전략 내쉬 균형이 없을 뿐 혼합전략 내쉬 균형은 존재한다.

가위바위보 게임을 하면서 계속 “가위”만 내든지 “바위”만 내든지 “보”만 내는 것이 바로 순수전략이다. 물론 정상적인 사람은 그렇게 할 리가 없고 우리가 잘 알듯이 “가위” “바위” “보”를 섞어서 내게 되는데 이렇게 랜덤(random)하게 전략들을 섞어서 선택하는 것은 혼합전략이라고 한다.

현실에서 대부분의 사람들은 가위바위보를 1/3의 확률로 섞어서 낼 것이다. 그런데 왜 1/3의 확률일까? 지금부터 우리는 논리적인 계산을 통하여 우리가 왜 1/3이라는 동일한 확률로 가위바위보를 섞어서 내는지를 내쉬 균형을 통하여 알아보도록 하겠다.

가위바위보 게임의 혼합전략 내쉬 균형을 찾기 위해서는 일단 다음 두 가지 사항에 동의해 주어야 한다.

(주장 1) 존 내쉬 교수가 증명했듯이 가위바위보 게임에는 내쉬 균형이 존재한다.

(주장 2) 가위바위보 게임에는 순수전략 내쉬 균형이 없으므로 혼합전략 내쉬 균형이 존재한다.

혼합전략 내쉬 균형이 존재한다는 것은 구체적으로 태윤이 α의 확률로 “가위”를 선택하고 β의 확률로 “바위”를 선택하며 $(1-\alpha-\beta)$의 확률로 “보”를 선택한다는 뜻이다. 이때 α와 β는 0과 1 사이의 값을 가져야 하고 $\alpha+\beta\leq1$이 되어야 함은 물론이다.

다음은 태윤이가 $\alpha=0.5$, $\beta=0.3$의 확률로 게임을 할 때, 즉 가위를 50%, 바위를 30%, 보를 20%의 확률로 낼 때, 창석이가 선택해야 할 전략을 생각해 보자. 이 질문에 대해 가장 많은 답은 “가위를 이기는 바위를 50%, 바위를 이기는 보를 30%, 보를 이기는 가위를 20%의 확률로 냅니다."이다. 그런데 이것은 정답이 아니다. 정답은 "바위를 100% 확률로 낸다"이다.

실제로 계산을 해보면 창석이가 바위를 100% 낼 때 보상의 기댓값(expected value)은 다음과 같다.

$$0.5\times1+0.3\times0+0.2\times-1=0.3$$

반면 바위를 50%, 보를 30%, 가위를 20%의 확률로 낼 때의 기댓값은 다음과 같다.

$$0.5\times(0.5\times1+0.3\times0+0.2\times-1)+0.3\times(0.5\times-1+0.3\times1+0.2\times0)+$$
$$0.2\times(0.5\times0+0.3\times-1+0.2\times1)=0.15-0.06-0.02=0.07$$

이유는 간단하다. 태윤이 가위를 50%의 확률로 할 때 창석은 바위를 내는 것이 가장 유리하다. 그러면 가장 유리한 것을 100%의 확률로 선택해야 이익이 극대화되는 것이다.

이것이 이해되었다면 다음 질문에 답하기 바란다.

(Q) 당신은 가위바위보를 할 때 어째서 가위와 바위와 보를 섞어 내는가?

(A) 내가 섞어 내는 이유는 가위나 바위나 보 중에 한 가지가 다른 두 가지보다 내게 더 큰 이익을 준다고 생각하지 않기 때문이다. 즉, 가위, 바위, 보에서의 기댓값이 같기 때문에 섞는다.

다시 정리하면 우리는 가장 유리한 전략이 아니면 결코 선택을 하지 않는데 두 가지 이상의 전략을 섞고 있다면 현재 0보다 큰 확률로 섞고 있는 전략들은 모두 공동 1등, 즉 가장 유리한 전략이 다수 존재하기 때문이라는 것이다.

(주장 3) 혼합전략에서 0보다 큰 확률로 섞고 있는 전략들의 기댓값은 같다.

이제 우리는 (주장 3)을 이용하여 가위바위보의 확률 α와 β를 구할 수 있다.

태윤이 가위와 바위를 α와 β의 확률로 내고 있을 때 창석이 가위 바위 보에서 기대할 수 있는 값은 다음과 같다.

가위의 기댓값 $=\alpha\times0+\beta\times-1+(1-\alpha-\beta)\times1=1-\alpha-2\beta$

바위의 기댓값 $=\alpha\times1+\beta\times0+(1-\alpha-\beta)\times-1=-1+2\alpha+\beta$

보의 기댓값 $=\alpha\times-1+\beta\times1+(1-\alpha-\beta)\times0=-\alpha+\beta$

위의 세 기댓값이 모두 같아지도록 하려면 $\alpha=\beta=\frac{1}{3}$이 되어야 한다. 우리가 알고 있는 가위바위보를 1/3의 같은 확률로 낸다는 뜻이다.

결론적으로 가위바위보 게임의 내쉬 균형은 “태윤이 가위바위보를 $(\frac{1}{3},\frac{1}{3},\frac{1}{3})$의 확률로 선택하고, 창석도 가위바위보를 $(\frac{1}{3},\frac{1}{3},\frac{1}{3})$의 확률로 선택한다”가 된다.

5-1. 변형된 가위바위보 게임

[변형 가위바위보 게임]

창 석

태 윤		가위	바위	보
	가위	0, 0	−2, 2	1, −1
	바위	2, −2	0, 0	−3, 3
	보	−1, 1	3, −3	0, 0

변형된 가위바위보 게임에서는 가위로 이기면 1을 얻고 바위로 이기면 2를 얻으며 보로 이기면 3을 얻게 된다. 물론 각각의 경우 지게 되면 1과 2와 3을 잃게 되는 게임이다.

보로 이기는 것이 가장 큰 이익이 남으니 과연 이 가위바위보에서는 보를 가장 큰 확률로 내게 될 것인가? 그렇지 않다는 것을 지금부터 계산을 통해 알아보자.

변형 가위바위보 게임에서도 혼합전략 내쉬 균형에서 가위와 바위와 보의 기댓값이 동일해야 한다. 따라서 다음의 세 값이 같아져야 한다.

가위의 기댓값 $=\alpha\times0+\beta\times-2+(1-\alpha-\beta)\times1=1-\alpha-3\beta$

바위의 기댓값 $=\alpha\times2+\beta\times0+(1-\alpha-\beta)\times-3=-3+5\alpha+3\beta$

보의 기댓값 $=\alpha\times-1+\beta\times3+(1-\alpha-\beta)\times0=-\alpha+3\beta$

세 값이 같아지도록 계산을 해보면 $\alpha=\frac{1}{2}$, $\beta=\frac{1}{6}$, $(1-\alpha-\beta)=\frac{1}{3}$을 얻게 된다. 즉, 변형된 가위바위보에서 태윤과 창석은 가위를 1/2의 확률로 바위를 1/6의 확률로 보를 1/3의 확률로 내게 된다. 가장 이득이 큰 보를 많이 내지 않고 가장 이득이 낮은 가위를 많이 내는 이유를 직관적으로 해석하면 내게 가장 큰 타격을 줄 수 있는 상대방의 "보"를 나의 "가위"로 견제하기 위해서일 것이다. 상대방과 공격과 방어를 주고받는 상황에서 내가 상대를 강하게 공격할 생각을 하기보다는 상대의 공격을 방어할 준비를 하는 것이 중요하다는 의미로 해석해 볼 수도 있다.

연습문제

다음 게임에서 내쉬 균형을 찾으시오.

	S21	S22
S11	2,2	0,3
S12	1,1	3,0

5-2. 세금을 낼 것인가 말 것인가?

[납세탈세 게임]

		납세자	
		납세	탈세
국세청	세무조사	T−c, −T	T+P−c, −T−P
	조사 안함	T, −T	0, 0

위의 노말 형식은 국세청과 납세자 사이의 게임을 나타내고 있다. 납세자는 T의 세금을 내야 하며 납세자가 세금을 내면 국세청은 T의 세금을 받게 된다. 그런데 납세자가 탈세를 하고도 국세청에 걸리지 않으면 납세자의 보상은 0이 되고 국세청의 수입도 0이 된다. 하지만 국세청은 c의 비용을 들여서 세무조사를 할 수 있으며 그러면 탈세 여부를 밝힐 수 있는데 만일 탈세가 있으면 세금 T뿐 아니라 벌금 P도 징수하게 된다. 물론 세무조사비용을 충당할 수 있도록 P＞c로 벌금 P를 설정할 것이다. 숫자는 아니지만 이렇게 T, P, c를 이용하여 보상의 정의된 위의 납세탈세 게임에는 순수전략 내쉬 균형이 존재하지 않음을 확인할 수 있다. 세무조사를 반드시 하면 탈세를 할 납세자가 없을 것인데 납세자가 반드시 세금을 내면 괜한 비용을 들여서 세무조사를 할 필요가 없다는 사실을 직관적으로도 알 수 있다.

따라서 혼합전략 내쉬 균형을 찾아야 한다. 즉, 현실에서 국세청은 세무조사를 매번 하지 않고 확률적으로 한다는 것이고 납세자도 매번 성실히 납세하기만 하는 것은 아니고 납세와 탈세를 섞는다는 것이다.

납세자가 납세할 확률을 α라고 하고 국세청이 세무조사를 할 확률을 β라고 하면 다음의 기댓값을 얻을 수 있다.

납세자의 기댓값 $= \beta\times -T+(1-\beta)\times -T = -T$
탈세의 기댓값 $= \beta\times(-T-P)+(1-\beta)\times 0 = -\beta T-\beta P$
세무조사의 기댓값 $= \alpha\times(T-c)+(1-\alpha)\times(T+P-c) = T-c+(1-\alpha)P$
조사 안함의 기댓값 $= \alpha\times T+(1-\alpha)\times 0 = \alpha T$

기댓값들을 같게 놓고 확률 α와 β를 구하면 다음과 같다.

$$\alpha = \frac{T+P-c}{T+P}, \qquad \beta = \frac{T}{T+P}$$

여기서 α는 납세자가 성실하게 납세할 확률인데 세무조사의 비용 c가 커지면 납세의 확률이 내려간다는 사실, 즉 탈세의 확률이 올라간다는 사실을 알 수 있다. 반면 T+P가 커지면 납세의 확률이 올라간다. 또 β는 국세청이 세무조사를 할 확률인데 T가 크면 세무조사의 확률이 올라가지만 P가 크면 세무조사의 확률이 내려간다는 것을 알 수 있다. 받아야 하는 세금 T가 크면 세무조사를 늘릴 것이고, 한편 벌금 P가 오르면 벌금이 무서워서 납세자들이 탈세를 줄일 것이므로 세무조사의 필요성이 줄어든다고 해석할 수 있다.

현실에서 사람들이 혼합전략을 얼마나 이용하고 있는지에 대해

논란이 많다. 하지만 납세와 탈세는 혼합전략이 실제로 쓰이는 좋은 현실의 예이다. 학생들의 경우도 모든 시험 범위를 열심히 공부하기보다는 시험 직전에 나올 것 같은 부분만 골라서 공부하는 태도를 가지고 있다면 이 역시 혼합전략을 쓰고 있다고 볼 수 있다.

연습문제

다음 게임에서 내쉬 균형을 두 개 찾아보시오.

	L	C	R
U	1, −1	0,0	−1,1
M	0,0	1,1	0,0
D	−1,1	0,0	1, −1

위 게임에는 (M, C)라는 순수전략 내쉬 균형과 U와 D를 1/2의 확률로 섞고, L과 C를 1/2의 확률로 섞는 혼합전략 내쉬 균형이 존재한다. 혼합전략 균형은 존재하는 전략을 모두 섞지 않고도 존재함을 알 수 있다.

연습문제

다음 게임에서 내쉬 균형을 찾아보시오.

	T1	T2	T3	T4	T5
S1	7, 3	21, 10	9, 2	2, 11	2, 6
S2	9, 4	7, 4	3, 3	6, 5	4, 6
S3	4, 9	8, 0	5, 5	5, 1	5, 8
S5	2, 12	12, 6	4, 10	3, 7	4, 10

이 게임에는 혼합전략 내쉬 균형이 존재한다. 다만 도미네이티드 전략은 혼합전략 내쉬 균형에서 사용될 수 없다는 사실을 알아야 계산이 용이하다.

연습문제

다음 게임에서 내쉬 균형을 찾아보시오.

두 권투 선수 알리와 무하마드가 시합을 하고 있는데 알리가 무하마드에게 주먹을 휘두르고 있다. 알리는 "오른손 공격"과 "왼손 공격" 중에서 선택할 수 있는데 제대로 무하마드를 때리면 "오른손 공격"이 강하다. 반면 무하마드는 알리에 대해 "오른손 방어"와 "왼손 방어" 중에 선택하는데 알리가 "오른손 공격"을 할 때 무하마드가 "오른손 방어"를 하면 알리의 공격은 무효로 돌아가고 오히려 무하마드가 공격의 기회를 잡게 되므로 무하마드가 10이고 알리가 −10을 얻는다. "왼손 방어"도 마찬가지이다. 반면 알리가 "오른손 공격"을 하는데 무하마드가 "왼손 방어"를 하면 알리의 주먹이 무하마드를 때리고 무하마드는 −20, 알리는 20을 얻는다. 이때 알리가 오른 주먹이 더 세기 때문에 "왼손 공격"이 성공할 때 얻는 10보다 두 배를 얻게 된다. 이를 나타낸 것이 다음의 그림이다.

		무하마드	
		오른손 방어	왼손 방어
알 리	오른손 공격	−10, 10	20, −20
	왼손 공격	10, −10	−10, 10

이 게임의 내쉬 균형을 구하고 알리가 "오른손 공격"과 "왼손 공격" 중 어느 쪽을 더 높은 확률로 선택하는지 확인하시오.

연습문제

다음 게임에서 내쉬 균형을 하나 찾아보시오.

	L	C	R
U	3,5	5,3	3,5
M	5,3	4,4	4,4
D	4,4	3,5	5,3

연습문제

노르망디로 상륙할 것인가 칼레로 상륙할 것인가? 2차 세계대전 중 미국군 사령관 아이젠하워 장군은 프랑스 상륙작전을 계획하고 있다. 상륙하기 가장 편한 곳은 프랑스의 칼레이고, 다음 후보지인 노르망디는 상륙이 쉽지 않다. 반면 독일 사령관 롬멜 장군은 칼레와 노르망디 중에서 어느 쪽을 방어해야 할지 고민하고 있다. 이런 상황을 노말 형식으로 그려보고 균형을 찾아보시오.

06

서브게임 퍼펙트 균형

Subgame Perfect Equilibrium: SPE

게임을 원샷(one-shot) 게임과 다이내믹(dynamic) 게임으로 나눌 수 있다. 원샷 게임은 가위바위보처럼 두 참가자가 동시에 '짠' 하고 선택을 하는 방식이다. 다시 말하자면 원샷 게임은 시작과 동시에 종결된다. 반면 다이내믹 게임은 시간을 두고 일어난다. 게임이 시작과 동시에 끝나지 않고 누군가가 선택을 하고 그것을 다른 참가자들이 보고 대응하는 과정이 반드시 포함되는 것이 다이내믹 게임이다. 당연히 다이내믹 게임에서는 "상대가 이렇게 하면 나는 저렇게 대응한다"는 내용이 전략에 들어가게 된다.

물론 다이내믹 게임에도 내쉬 균형이 존재하지만, 내쉬 균형이 다이내믹 게임의 결과를 예측하기에는 가끔 문제가 발생한다. 우선 다이내믹 게임에서 내쉬 균형 문제점을 다음 게임을 통하여 알아보도록 하자.

[아들과 장난감 게임: 익스텐시브 형식]

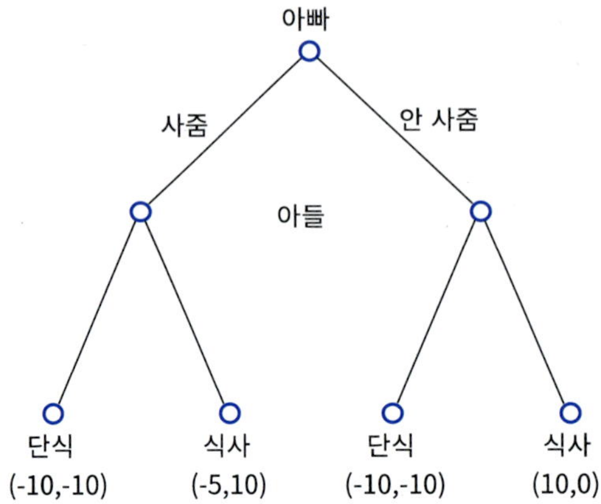

<아들과 장난감 게임>은 누구나 어린 시절 부모님과의 사이에 한 번쯤 경험했을 법한 사항이다. 대략적인 스토리는 장난감을 가지고 싶은 어린 아들이 아빠에게 장난감을 사주지 않으면 밥을 먹지 않고 단식을 하겠다고 할 때 과연 그 아빠는 아들에게 장난감을 사주겠는가 하는 것이다. 물론 아빠는 아들이 밥을 먹지 않는 상황을 원하지 않으므로 −10을 얻는다. 하지만 필요 없는 장난감을 사주는 것 역시 달갑지 않아서 −5를 얻는다. 가장 좋은 것은 장난감을 사주지 않고 아들이 식사를 하는 상황인데 그러면 10을 얻는다. 반면 아들은 장난감을 받고 밥도 먹으면 가장 좋기 때문에 10을 얻지만 장난감이 있든 없든 단식을 하면 −10이 된다.

다이내믹 게임은 시간의 흐름을 따라 전개하므로 익스텐시브 형식으로 표현하는 것이 이해가 용이하다. 하지만 익스텐시브 형식은 항상 같은 내용을 나타내는 노말 형식이 존재하며 내쉬 균형을 찾

기에는 노말 형식이 더 용이하므로 아들과 장난감 게임을 노말 형식으로 다음과 같이 표시할 수 있다.

[아들과 장난감 게임]

		아 들			
		(단식, 단식)	(단식, 식사)	(식사, 단식)	(식사, 식사)
아 빠	사줌	−10, −10	−10, −10	−5, 10	−5, 10
	안 사줌	−10, −10	10, 0	−10, −10	10, 0

이때 아들의 전략은 (단식, 식사)라는 식으로 표현되는데 앞의 내용은 아빠가 장난감을 사 줄 때의 대응을 뒤의 내용은 안 사줄 때의 대응을 나타낸다. 즉, (단식, 식사)의 의미는 "아빠가 장난감을 사주면 단식하고 안 사주면 식사를 한다"는 뜻이다. 노말 형식을 보면 바로 내쉬 균형을 세 개 찾을 수 있다.

① {사줌, (식사, 단식)}
② {안 사줌, (단식, 식사)}
③ {안 사줌, (식사, 식사)}

이 세 가지의 내쉬 균형은 우리의 상식 또는 여러분들의 과거 경험과 맞는가? 일반적으로 현실에서 일어나는 것은 ③뿐이다. 아빠가 장난감을 안 사준다고 해서 한 끼 정도면 모를까 며칠을 굶는 아들은 없다. 이를 알고 있는 아빠는 그래서 떼를 쓰는 아들에게 장난감을 사주지 않는다는 것이 이 게임의 결과에 대한 예측이다. 이런 측면에서 ①과 ②는 문제가 있다. 일단 ①은 장난감을 안 주면 아들이 정말로 밥을 계속 굶을 것으로 걱정한 아버지가 장난감을 사준다는 예측인데, 장난감을 안 사줄 경우 아들은 식사하면 0을 얻고 단식하면 −10을 얻으므로 식사를 할 것이 분명하고 아빠는 단식을 하겠다는 아들의 말을 믿지 않는 것이 상식이기 때문이다. ②는 더 황당한데 아빠가 장난감을 사주면 아들이 단식을 하는 상황이다. 이 게임에서 보상을 보면 아들은 장난감이 있든 없든 식사를 하는 것이 더 유리하다. 하지만 아들이 장난감을 사주면 단식을 한다든지 안 사주면 단식을 한다고 주장하는 경우 내쉬 균형에는 이런 비현실적인 주장을 걸러내는 기능이 없다. ①의 내쉬 균형을 보면 아빠가 장난감을 안 사주는 경우 식사를 하는 것이 아들에게는 유리하지만 아빠가 이런 아들의 말을 믿고 장난감을 사준다. 일단 아빠가 장난감을 사준다고 가정하면 아들은 장난감을 사주지 않았을 때 단식을 한다고 해도 실제로는 단식을 하지 않을 것이므로 문제가 없다. 내쉬 균형은 전략을 바꾸어도 보상이 증가하지 않으면 성립하는데, 아빠가 장난감을 사준 상황에서 아들은 "안 사주면 단식한다"고 말하더라도 결국 10을 얻고 "안 사줘도 식사한다"고 말하더라도 10을 얻으니 내쉬 균형의 정의에 부합하는 것이다.

내쉬 균형 ①이 현실에서 일어난다면 실제로 일어나는 것은 "아빠는 장난감을 사주고, 아들은 식사를 한다"이다. 게임이론에서는 이렇게 균형 상황에서 실제로 일어나는 것을 이퀼리브리엄 패스(equilibrium path)라고 한다. 반면 ①에서 언급은 되지만 막상 실행

되지 않는 것은 "아빠가 장난감을 안 사주면 단식을 한다."이다. 실행되지 않는 이유는 실제로 이 내쉬 균형에서는 아빠가 장난감을 사주기 때문이다. 따라서 "사주지 않는다면"은 가정의 상황이 된다. 게임이론은 이렇게 균형에 묘사는 되어 있지만 실제로 실행되지 않는 것을 논이퀼리브리엄 패스(non-equilibrium path)라고 부른다. 내쉬 균형은 이런 논이퀼리브리엄 패스에서 이상한 주장이 나오는 것을 통제할 수단이 없다는 단점을 가지고 있다. 어차피 실행되지도 않을 논이퀼리브리엄 패스를 걱정할 필요가 있냐고 질문한다면 답은 걱정할 필요가 아주 많다는 것이다. 참가자들이 논이퀼리브리엄 패스를 실행하지 않은 이유가 바로 논이퀼리브리엄 패스 쪽으로 가면 황당한 일이 일어난다고 믿는 내쉬 균형의 구조에 있기 때문이다. 실제로 장난감 안 사주면 단식하겠다고 하는 아들의 말을 믿고 장난감을 사줄 부모는 많지 않다. 아마 장난감을 사주기는커녕 당장 밥을 주지 않고 벌을 세울 부모가 많을 것이다. 즉, 논이퀼리브리엄에서 단식하겠다는 아들의 황당한 주장을 믿는 것이 문제인 것이다.

게임이론에서는 이렇게 논이퀼리브럼 패스에서 황당한 주장을 하는 것을 "거짓 협박(empty threat)"이라고 부른다. 이런 거짓 협박에 의해 성립하는 내쉬 균형 ①과 ②를 배제하고 ③만을 진정한 예측으로 남기기 위해 만들어진 개념이 바로 서브게임 퍼펙트(subgame perfect) 균형이다.

서브게임 퍼펙트 균형은 백워드 인덕션(backward induction)의 방법으로 찾아지는 균형이다.

게임을 풀이함에 있어서 시간의 흐름대로 풀지 않고 시간의 역순, 즉 가장 먼 미래에서 현재로 거슬러 올라오면서 게임을 푸는 방식에서 "백워드(backward)"라는 단어가 들어오게 되었다. <아들과 장난감 게임>에서도 먼저 행동하는 것은 아빠다. 아빠가 먼저 장난감을 사줄 것인가 아닌가를 결정한 후 이 결정에 따라서 아들이 단식을 할 것인가 식사를 할 것인가를 결정하기 때문이다. 하지만 이 게임을 백워드 인덕션으로 풀이하면 아들의 행동을 먼저 분석하고 이를 기초로 아빠의 행동을 분석하게 된다.

아빠는 아들에게 장난감을 사줄 수도 있고 안 사줄 수도 있는데 각각의 경우 아들의 행동을 예측해 보겠다.[7]

(1) 장난감을 사주는 경우 : 아들은 단식을 하면 −10을 얻고 식사를 하면 10을 얻는다.
 −10 < 10이므로 당연히 식사를 한다.

(2) 장난감을 안 사주는 경우 : 아들은 단식을 하면 −10을 얻고 식사를 하면 0을 얻는다.
 −10 < 0이므로 당연히 식사를 한다.

백워드 인덕션으로 아들의 행동을 예측하면 아빠가 장난감을 사주든 안 사주든 식사를 선택할 것임을 알 수 있다. 따라서 익스텐시

7 아빠가 장난감은 (1) 사줄 때 (2) 안 사줄 때 이렇게 두 가지 상황이 발생할 수 있는데 이 각각을 **서브게임**(subgame)이라고 부른다. 즉, 〈아들과 장난감 게임〉에는 두 개의 세브게임이 있는 것이다. 서브게임 퍼펙트 균형을 정의함에 있어 (1) 백워드 인덕션으로 구한 균형으로 할 수도 있지만 (2) 모든 서브게임에서 내쉬 균형이 성립하는 균형이라고 할 수도 있다. 백워드 인덕션이 불가능한 게임이 존재하는데 이 경우에는 (2)의 정의를 사용하여 서브게임 퍼펙트 균형을 구해야 한다.

브 형식은 다음과 같이 축소형으로 나타낼 수 있다.

[아들과 장난감 게임: 익스텐시브 형식(축소형)]

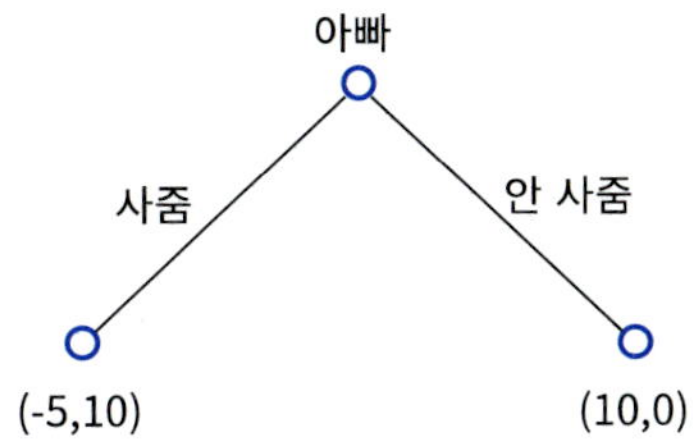

이 축소형에서 아빠는 자신이 장난감을 사주면 －5를 얻고 안 사주면 10을 얻게 됨을 파악할 수 있다. －5 < 10이므로 아빠는 장난감을 안 사줄 것이다. 이상을 바탕으로 서브게임 퍼펙트 균형을 구하면 앞의 내쉬 균형 ③이 된다.

서브게임 퍼펙트 균형 : {안 사줌, (식사,식사)}

이때 서브게임 퍼펙트 균형에 대해 두 가지 사실을 반드시 알 필요가 있다.

첫째, 서브게임 퍼펙트 균형은 항상 내쉬 균형이라는 것이다. 백워드 인덕션을 적용했을 때 구해지는 균형은 내쉬 균형 중의 하나이다. 즉, 서브게임 퍼펙트 균형은 완전히 새로운 균형이 아니라 내쉬 균형 중에서 거짓 협박에 속지 않는 것만을 골라낸 것이다.

둘째, 서브게임 퍼펙트 균형에서 이퀄리브리엄 패스뿐 아니라 논이퀄리브리엄 패스도 포함되어야 한다는 것이다. 아빠가 장난감을 사주고 아들이 식사를 한다는 이퀄리브리엄 패스만 넣어서 균형을 만들면 {안 사줌, 식사}가 될 것이지만 우리는 (식사, 식사)가 아들의 전략이라고 했다. 이 말은 아빠가 장난감을 사줄 경우에도 아들은 식사를 한다는 논이퀄리브리엄 패스가 서브게임 퍼펙트에 포함되어 있는 것이다.

[논이퀄리브리엄 패스 게임]

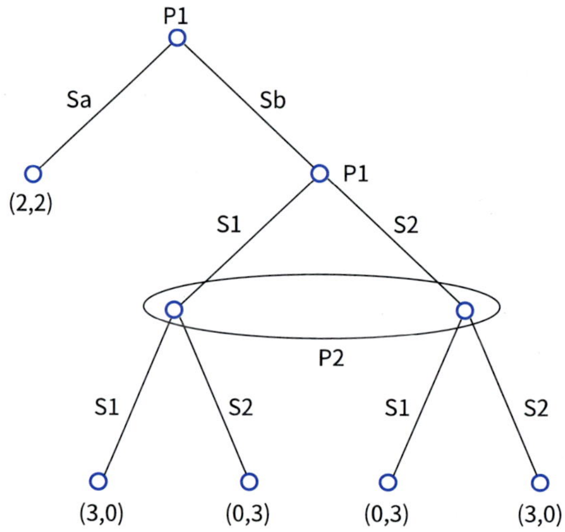

위의 게임에서 참가자 P1이 Sa를 선택하면 게임이 바로 종결되고 참가자 P1과 P2가 모두 2를 얻는다. 하지만 참가자 P1이 Sb를 선택하면 두 참가자는 각기 S1과 S2 중에서 하나는 동시에 선택하는 게임을 하게 된다. Sb가 선택된 이후의 서브게임에서는 P1과 P2가 S1과 S2를 1/2의 확률로 섞어 내는 혼합균형이 발생하는데, 이 서브게임에서 P1과 P2은 0과 3의 보상을 각각 50%의 확률로 받게 되므로 기대 보상은 1.5가 된다. 따라서 P1은 이 모든 것을 고려하여 Sa를 선택한다. 이 게임의 서브게임 퍼펙트 균형은 다음과 같다.

참가자 P1: {Sa, (S1을 1/2, S2를 1/2)}

참가자 P1: (S1을 1/2, S2를 1/2)

이 서브게임 퍼펙트 균형에서 이퀼리브리엄 패스는 Sa뿐이다. 하지만 P1이 Sa를 선택한 이유는 논이퀼리브리엄 패스에서 P1과 P2가 (S1을 1/2, S2를 1/2)라는 전략을 쓸 것을 알기 때문이다. 따라서 실제로 선택되지는 않지만 논이퀼리브리엄 패스는 이퀼리브리엄 패스가 선택된 원인을 설명해 주는 역할을 하는 것이다. 게임이론에서의 균형은 단순히 일어난 일뿐 아니라 그 배경과 이유를 모두 설명해 주어야 하므로 균형을 기술함에 있어 논이퀼리브리엄 패스를 잊으면 안 된다.

[센티피드(centipede) 게임]

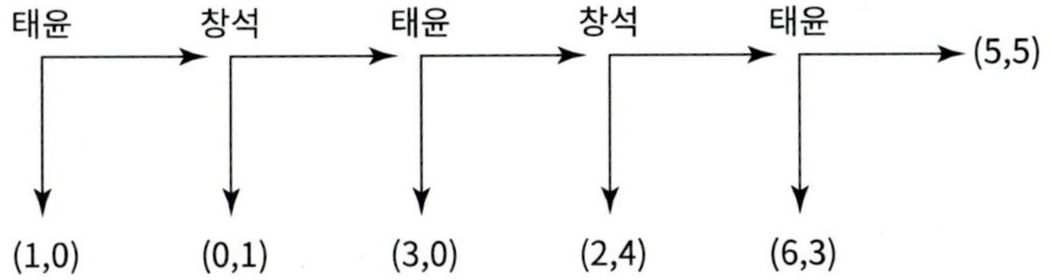

영어로 센티피드는 '지네'를 뜻한다. 아마도 위의 익스텐시브 형식의 모양이 지네와 같기에 붙여진 이름일 것이다. 좀 특이한 이 익스텐시브 형식은 왼쪽이 시작이고 시간이 흐름에 따라 게임이 오른쪽 방향으로 진행된다. 따라서 백워드 인덕션을 적용하면 가장 오른쪽에서 시작하여 왼쪽으로 풀어나가야 한다. 오른쪽을 향한 화살표는 "go"를 의미하고 아래를 향한 화살표는 "stop"을 의미한다. 그림에서 보다시피 게임은 한 참가자가 "stop"을 선택하면 종결되지만 "go"를 선택하면 계속되어 두 참가자가 모두 5를 얻게 된다. 이제 백워드 인덕션을 가장 오른쪽에 적용해 보자. 이때 선택권을 가지고 있는 사람은 태윤이다. 태윤은 "go"를 선택하면 5를 얻고 "stop"을 선택하면 6을 얻는다. 당연히 "stop"이다. 그러면 창석에게 백워드 인덕션을 적용할 차례이다. 창석이 "go"를 하면 태윤은 "stop"을 할 것이고 따라서 창석은 3을 얻는 반면 창석이 "stop"을 하면 4를 얻는다. 따라서 창석은 "stop"을 할 것이다. 이런 추론을 거듭하면 우리는 게임이 시작하자마자 태윤이 "stop"을 선택하여 태윤은 1을 얻고 창석은 0을 얻을 것임을 예측할 수 있다. 따라서 이 게임의 서브게임 퍼펙트 균형은 다음과 같다.

{(stop,stop,stop), (stop,stop)}

이 의미는 태윤이 세 번의 선택에서 모두 stop을 선택할 것이고, 창석은 두 번의 선택에서 모두 stop을 선택할 것임을 의미한다. 물론 태윤이 처음에 stop을 선택하면 그 이후의 선택은 모두 실제 일어나지 않는 논이퀄리브리엄 패스에 속하게 되지만 말이다.

연습문제

다음이 서브게임 퍼펙트 균형은 아니지만 내쉬 균형임을 확인해 보시오.

{(stop,go,go), (stop,go)}

연습문제

다음과 같이 두 참가자가 각각 세 개의 전략을 가지고 있는 게임이 2회 반복된다고 생각해 보자. (t=1, 2)

	L	C	R
U	1,1	0,0	0,0
M	0,0	4,6	6,4
D	0,0	6,4	4,6

(1) 2회 반복되는 이 게임의 서브게임 퍼펙트 균형을 구하시오.

(2) 이 게임에서 세브게임 퍼펙트가 아닌 내쉬 균형을 하나 구하시오.

연습문제

진원과 충환이 다음과 같은 게임을 한다.

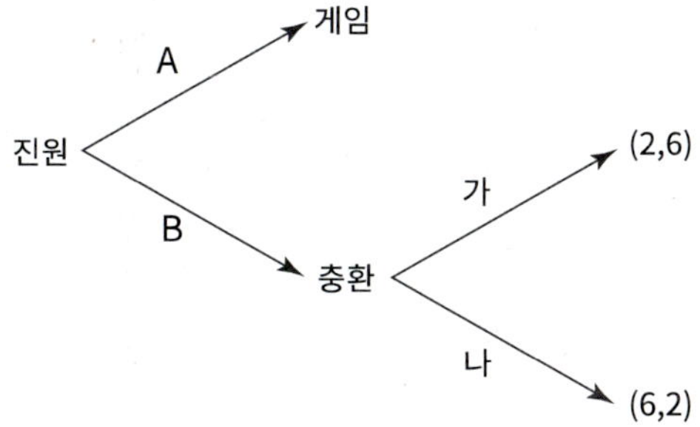

즉, 우선 진원이 A와 B 중에서 선택을 하는데 A의 경우에는 충환과 아래와 같은 게임을 하게 된다. 하지만 진원이 B를 선택하면 충환은 '가' 또는 '나'를 선택하게 된다.

[게임 θ]	Left	Center	Right
Up	1,1	0,0	0,0
Middle	0,0	0,0	5, −5
Down	0,0	−5,5	0,0

이 게임에서 서브게임 퍼펙트 균형을 두 개 구하시오.

6-1. 배수의 진 (커미트먼트, commitment)

[배수의 진 게임]

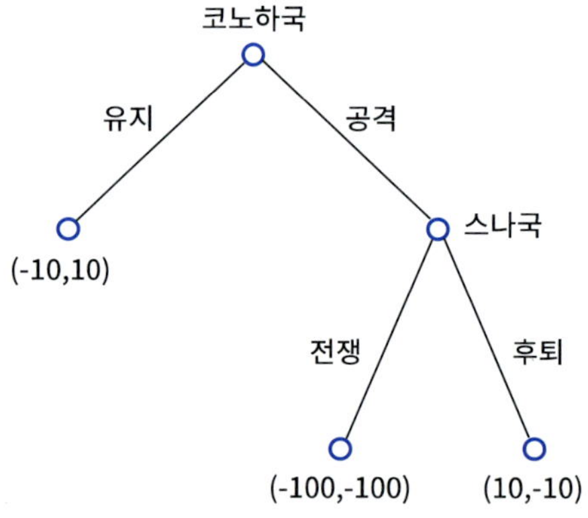

이웃한 두 나라 코노하국과 스나국 사이에 작은 섬을 놓고 두 나라가 갈등을 벌이는 상황을 나타낸 게임이다. 현재 이 섬은 스나국

이 점령하고 있는데, 코노하국은 이 섬에 대해 스나국의 점령을 묵인하고 "유지"를 택할 수도 있고 섬을 "공격"할 수도 있다. 코노하국이 "공격"을 택할 경우 스나국은 적극적으로 방어를 하여 결국 "전쟁"을 할 수도 있고, 아니면 섬을 포기하고 "후퇴"를 할 수도 있다. 갈등의 요인이 되는 섬 자체는 면적도 작고 큰 중요성이 없으므로 양국은 10 정도의 가치를 두지만, 섬의 주권을 놓고 두 국가가 전쟁을 벌일 경우 심대한 인명 피해로 승패를 떠나 양국이 모두 100의 손해를 본다는 것이 위의 그림에 나타났다.

이 게임에서 서브게임 퍼펙트 균형은 무엇일까? 다음과 같다.

{공격, 후퇴}

백워드 인덕션을 해보면 스나국은 "전쟁"을 선택하면 －100이고 "후퇴"를 선택하면 －10이다. －100 <－10이므로 "후퇴"를 할 것이다. 그런데 이를 알고 있는 코노하국은 "유지"를 선택하면 －10이고 "공격"을 선택하면 결국 10을 얻게 됨을 파악하고 있을 것이다. 따라서 코노하국은 "공격"을 택할 것이다.

이런 경우 먼저 행동하게 되는 코노하국을 퍼스트 무버(first mover)라고 하고 나중에 행동하게 되는 스나국을 세컨드 무버(second mover)라고 부른다. 당연히 퍼스트 무버가 유리한 게임이다.

그러면 "후퇴"를 선택할 수밖에 없는 스나국이 할 수 있는 것은 무엇인가? 섬과 스나국을 연결하는 다리를 불태우는 것이다. 동양에서는 뒤에 강이 있어서 후퇴할 수 없다는 의미에서 '배수의 진(背水之陣)'이라고 부르고 서양에서는 '버닝 더 브릿지 비하인드(burning the bridge behind)'라고 부르는 전략이다.

배수의 진은 스나국이 "후퇴"를 선택할 수 없다는 의미인데 그러면 스나국은 "전쟁"밖에 선택이 없다. 그런데 이를 코노하국이 알게 되면 코노하국은 "유지"를 하면 －10이고 "공격"을 하면 －100이 됨을 깨닫고 "유지"를 택할 것이다. "후퇴"가 가능했을 때 －10을 얻었던 스나국은 "후퇴"를 못하도록 배수의 진을 치면 10을 얻게 된다.

즉, 게임이론에서 배수의 진은 세컨드 무버가 "후퇴"라는 선택지를 고의적으로 삭제시키는 행동인데, 결과적으로 상대의 공격의지를 무력화시키는 것이 목적이다.

스나국이 배수의 진의 전략을 사용함에 있어 가장 중요한 것이 코노하국에게 자신이 절대로 "후퇴"하지 않을 것임을 알리는 것이다. 후퇴하는 유일한 방법인 다리를 불태우는 것은 아주 효과적으로 "후퇴"하지 않을 것임을 알리는 방법이다. 만일 다리를 그대로 놓아두고 "나는 절대로 후퇴하지 않는다"고 말로만 해봐야 코노하국은 스나국 군대가 섬을 포기할 것이라고 여전히 믿을 것이다.

세컨드 무버가 "후퇴"라는 선택을 절대 하지 않을 것임을 퍼스트 무버에게 확실히 알리는 행동을 "커미트먼트(commitment)"라고 한다.[8]

배수의 진은 평화 시에도 사용된다. 어떤 시장에 새로운 기업이

8 커미트먼트는 세컨드 무버가 한 번 선언하면 절대로 말 바꾸기를 하지 않는다는 의미이다. 말을 쉽게 바꾸는 정치인들을 유권자들은 전혀 믿지 않는다면 정치인이 커미트먼트에 실패했다고 표현할 수 있다.

들어올 때 기존의 기업은 새로운 기업과 "공존"할 수도 있고 생사를 판가름하는 "경쟁"을 할 수도 있다. 만일 기존의 기업이 두 기업 중 한쪽이 파산할 때까지 "경쟁"을 한다면 새로운 기업은 그런 위험을 안고 그 시장에 진입할 이유가 없다. 하지만 기존의 기업이 "경쟁"을 한다는 커미트먼트를 제대로 하지 못하면 새로운 기업은 기존의 기업이 결국 "공존"을 선택할 것이라고 믿고 진입을 할 것이다. 이때 "공존"은 결국 스나국의 "후퇴"와 같은 선택인데, 기존의 기업은 "공존"은 없다는 커미트먼트를 여러 가지 방법을 통해서 새로운 기업에게 보여주고자 현실 세계에서는 노력하고 있다.

커미트먼트가 많이 사용되는 또 하나의 분야가 거시정책 분야이다. 거시경제학에서는 커미트먼트를 "정책 일관성(time consistency)"이라고 부른다.

[통화정책 게임]

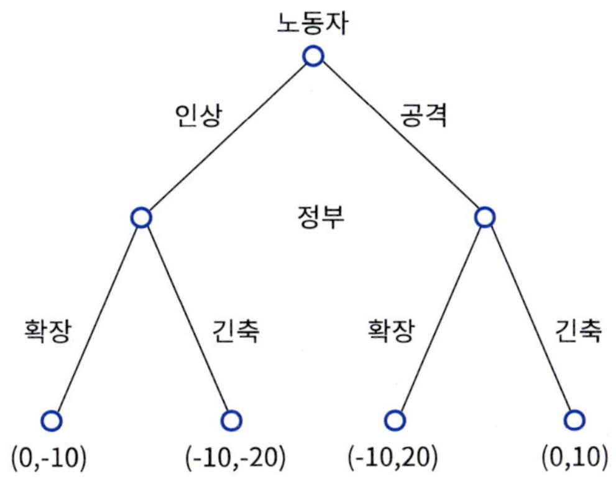

정부는 화폐를 마음껏 발행할 수 있는 권한이 있다. 화폐를 많이 발행하는 확장적 통화정책을 선택하면 경기가 좋아지고 실업은 줄지만 인플레이션이 발생한다. 반면 화폐 발생을 축소하는 긴축적 통화정책을 선택하면 인플레이션은 줄지만 경기가 후퇴하고 실업이 늘어난다. 이때 정부 외의 관련자 중 한 명이 바로 노동자이다. 노동자들은 매년 임금인상을 받는데, 임금을 많이 인상할 수도 있고 아니면 인상을 조금하거나 동결할 수 있다.

(1) 노동자들이 임금을 인상해도 정부가 확장적 통화정책을 하면 임금 인상의 효과는 사라지고 인플레이션만 남는다. 이때 노동자들은 실질 임금의 변화가 없지만 정부는 노동자들의 임금이 올라서 경기 부양 효과는 없어지고 인플레이션만 남기 때문에 좋지 않다.
(2) 노동자들이 인상을 선택하고 정부가 긴축을 선택하면 정부로서는 경기가 부양은커녕 침체하여 실업이 늘기 때문에 최악의 상황이 된다. 노동자들은 실질임금은 올라가지만 경기가 침체되어 생산이 줄면 실업의 가능성이 높아지게 되므로 사실 얻는 것보다 잃는 것이 많아 선호되지 않는다.
(3) 노동자가 동결을 선택하고 정부가 확장을 선택하면 정부로서는 임금동결로 인플레이션을 최소화하면서 경기가 부양되므로 가장 선호되는 상황이다. 반면 노동자들은 실질 임금이 감소하여 안 좋은 상황이 된다.
(4) 임금이 동결되었는데 정부가 긴축을 선택하면 실질임금은 그대

로이고 정부도 경기 부양이 안 되지만 인플레이션도 없기 때문에 최악은 아니다.

위의 보상들은 이런 간단한 이유들에 근거하여 설정된 것이다.

이때 노동자가 퍼스트 무버고 정부가 세컨드 무버인 까닭은 노동자들은 대개 1년에 1회만 임금협상을 할 수 있으나 정부는 상시로 통화량을 조정할 수 있기 때문이다.

이 <통화정책 게임>에 백워드 인덕션을 적용하면 노동자의 선택과 관련 없이 정부는 －10 >－20 이고 20 > 10이므로 항상 "확장"을 선택한다. 따라서 이를 파악한 노동자는 자신이 인상을 하면 0을 얻고 동결을 하면 －10을 얻는다는 것을 안다. 따라서 노동자는 "동결"을 선택한다. 결국 서브게임 퍼펙트 균형은 다음과 같다.

{인상, (확장, 확장)}

이때 정부는 －10을 얻는데 이는 정부로서는 20을 얻을 수 있는 최선도 아니고 10을 얻을 수 있는 차선도 아닌 선호되지 않는 결과이다. 만일 정부가 "긴축"을 선택한다고 노동자들에게 커미트먼트를 할 수 있다면 노동자들은 인상을 하여 －10을 얻기보다는 동결을 하여 0을 얻고자 할 것이고 결국 노동자는 동결하고 정부는 긴축하여 앞의 (4)에 해당되는 상황이 발생하여 정부는 10을 얻을 수 있다. 당연히 이 상황이 서브게임 퍼펙트 균형 상황에 비해서는 정부에게 바람직하다. 문제는 정부가 "확장"이라는 선택을 할 가능성을 효과적으로 배제하여 노동자들에게 정부는 절대로 "확장"을 선택하

지 않는다는 커미트먼트를 할 수 있는가 하는 점이다.[9]

현실에서 정치인은 실업을 줄여서 유권자의 표를 획득할 수 있는 "확장"적 통화정책의 유혹을 버리기 어렵다. 그럼에도 정부는 차선의 결과인 (4)라고 관철시키고자 노력해 왔고, 그 결과 탄생한 것이 정치권의 영향을 비교적 덜 받으면서 임기가 보장된 금융전문가들이 통화정책을 결정하는 중앙은행제도이다. 유권자의 표를 의식하지 않아도 되는 중앙은행이 "긴축"의 약속을 하면 노동자들은 정치인의 약속보다 훨씬 신뢰를 할 것이기 때문이다.

연습문제

중국 전국시대 강대국인 진나라의 소왕은 약소국인 조나라에게 천하의 보물인 화씨벽을 요구하였다. 대신 화씨벽을 주면 진나라의 땅 중 일부를 조나라에게 주겠다고 하였다. 조나라는 정말로 진나라가 땅을 주면 화씨벽을 주는 것이 이익이지만, 진나라 소왕이 화씨벽만을 받고 땅을 주지 않으면 큰 손해를 입는다. 조나라의 인상여라는 신하가 이 협상을 맡아서 진나라로 갔다.

진나라 소왕과 조나라 인상여의 상황을 익스텐시브 형식으로 그려보고 서브게임 퍼펙트 균형을 찾아보시오. 실제로 인상여가 어떤 행동을 했는지 조사하여 비교해 보시오.

9 이때 "확장"은 배수의 진에서 "후퇴"와 같은 의미를 가진다. 세컨드 무버는 "확장" 또는 "후퇴"의 가능성을 제거함으로써 자신이 원하는 퍼스트 무버의 행동을 유도할 수 있다.

07

서브게임 퍼펙트 균형의 적용

현실에서 적용되는 사례가 가장 많은 균형 개념이 서브게임 퍼펙트 균형이다. 우리는 (1) 반복게임과 담합, (2) 협상, (3) 주인-대리인 문제의 세 가지 주제에서 서브게임 퍼펙트 균형이 어떻게 사용되는지 학습하겠다.

7-1. 반복게임과 담합

같은 상품을 생산하는 기업체들 사이에 가격 경쟁이 일어나면 소비자들은 저렴한 가격에 상품을 구매할 수 있으므로 큰 이득을 얻지만, 가격 경쟁으로 이윤이 크게 줄어드는 기업들의 입장에서는 손해이다.

어떤 마을에 주유소가 딱 둘뿐이라고 하자. 보운과 민혁이 이 두 주유소의 주인이다. 이 마을의 자동차는 100대이고 한번 주유할 때 들어가는 휘발유의 원가는 1만원이라고 하자. 보운과 민혁은 5만원,

4만원, 3만원의 세 가지 가격을 선택할 수 있다. 만일 둘 사이에 경쟁이 일어난다면 가격은 3만원이 될 것이고, 전체 자동차의 50%인 50대에 주유한다고 하면 보운과 민혁은 휘발유 비용 1만원을 제외하고 각각 100만원의 순이익을 얻게 된다. 하지만 만일 보운과 민혁이 담합을 하여 5만원으로 가격을 책정하면 각자의 순이익은 200만원이 된다. 문제는 5만원으로 가격을 책정하기로 약속을 한 후 민혁이 약속을 어기고 4만원에 주유를 하면 보운은 손님을 모두 잃어서 이윤이 0이 되는 반면 민혁은 4만원의 가격에 100대의 차에 주유를 하여 300만원의 순이익을 올리게 된다. 다음의 노말 형식은 이런 게임 상황을 나타내고 있다.

[주유소 게임]

민 혁

		5만원	4만원	3만원
보 운	5만원	200만, 200만	0, 300만	0, 200만
	4만원	300만, 0	150만, 150만	0, 200만
	3만원	200만, 0	200만, 0	100만, 100만

위의 게임에서 순수전략 내쉬 균형은 (3만원, 3만원)뿐이다.

그런데 이 두 참가자 입장에서는 5만원의 가격으로 담합하면 각기 200만원의 순이익이 가능하므로 담합을 시도할 것이다. 문제는 이 게임이 단 1회로 종결되면 담합이 불가능하다는 것이다. 5만원으로 아무리 굳게 약속을 해도 상대방이 4만원으로 몰래 전략을 바꿔서 나의 이익이 0이 될 가능성이 충분히 있으므로 보운과 민혁은 5만원의 약속을 믿지 못하고 지키지도 못할 것이기 때문이다.

그러나 보운과 민혁이 위와 같은 게임을 매일 벌인다면 이야기가 달라진다. 일단 첫 날을 t=1, 둘째 날을 t=2라고 하고 이 게임이 무한히 반복되어 t=1, 2, 3, …, ∞라고 하면, 일단 이 게임은 다이내믹 게임이 되어서 보운과 민혁이 상대방이 어제 어떤 가격을 선택했는지 관찰한 후 그에 대응할 수 있는 기회를 갖게 된다. 이런 고려를 종합하여 우리는 일단 위의 게임이 무한히 반복될 때 다음과 같은 두 가지의 서브게임 퍼펙트 균형을 찾을 수 있다.

(1) 서브게임 퍼펙트 균형 1

보운과 민혁이 t=1, 2, 3, …, ∞에서 매번 (3만원, 3만원)을 선택하는 것이 서브게임 퍼펙트 균형이다. 이렇게 무한히 반복되는 게임에는 백워드 인덕션 적용이 어려우므로 모든 서브게임에서 내쉬균형이 선택된다는 정의를 적용해야 한다. 그런데 (3만원, 3만원)은 앞의 게임이 1회만 일어날 때에 이미 내쉬 균형이므로 1회 게임 시의 내쉬 균형을 무한히 반복하는 것은 모든 서브게임에서 내쉬 균형이 선택되는 것을 의미한다.

(2) 서브게임 퍼펙트 균형 2

두 번째 서브게임 퍼펙트 균형은 이퀼리브리엄 패스와 논이퀼리브리엄 패스의 두 부분으로 구성된다.

① 이퀼리브리엄 패스 : 보운과 민혁은 일단 $t=1$에 (5만원, 5만원)을 선택한다. 그리고 $t=2$ 이후에는 이전까지 보운과 민혁 모두 계속 (5만원, 5만원)을 선택하였다면 다시 (5만원, 5만원)을 선택한다.

② 논이퀼리브리엄 패스 : $t=2$ 이후에 이전까지 보운과 민혁 중 한 참가자가 한번이라도 (5만원, 5만원)을 선택하지 않았다면 $t=\infty$까지 계속 (3만원, 3만원)을 선택한다.

즉, 둘이 일단 5만원의 가격에 합의하여 서로 믿고 시작하되 한 명이라도 가격을 바꾸어 일종의 배신을 하면 그 이후로는 계속 1회 게임에서의 내쉬 균형인 3만원을 선택한다는 이야기이다. 이때 ②의 논이퀼리브리엄 패스에서는 1회 게임에서 내쉬 균형인 (3만원, 3만원)을 선택하므로 모든 서브게임에서 내쉬 균형이 선택된다. 따라서 ①의 이퀼리브리엄 패스가 내쉬 균형임을 보이면 서브게임 퍼펙트 균형이 성립함을 증명한 것이 된다.[10]

이제부터 ①의 이퀼리브리엄 패스가 내쉬 균형이 될 조건을 계산해 보자.

만일 보운이나 민혁이 계속 가격을 5만원으로 책정하여 ①의 상황을 유지해 나가는 경우 이들의 이익은 $200+200\cdot\delta+200\cdot\delta^2+\cdots\cdots=\frac{200}{1-\delta}$이다. 반면, 보운이나 민혁이 약속을 어기고 가격을 4

10 이 균형에서는 ① 또는 ②의 상황이 계속 반복된다. 즉, 두 참가자가 약속을 지키면 ①이 반복되고 한번이라도 약속을 어기면 ②가 반복된다. 따라서 ①과 ②가 모두 내쉬 균형임을 보임으로써 모든 서브게임에서 내쉬 균형이 성립한다는 것을 증명할 수 있다.

만원으로 책정하면 처음에는 300만원을 얻지만 그 다음에는 ②의 상황이 되어 100만원을 얻게 된다. 그 이익의 현재 가치는 $300 + 100 \cdot \delta + 100 \cdot \delta^2 + \cdots\cdots = 300 + \frac{100 \cdot \delta}{1-\delta}$ 가 된다. 보운과 민혁이 계속 약속을 지키면서 5만원의 가격을 책정하기 위해서는 $300 + \frac{100 \cdot \delta}{1-\delta} \leq \frac{200}{1-\delta}$의 조건이 만족되어야 하며, 이는 $\delta \geq \frac{1}{2}$일 때 성립된다. 물론 δ는 다음 시기의 1원의 현재 가치를 표시한다. 즉, δ가 1에 가까워질수록 참가자는 내일을 위해 오늘을 참을 수 있는 참을성이 크다고 볼 수 있다.

따라서 보운과 민혁 모두에게 $\delta \geq \frac{1}{2}$이 성립하면 위의 서브게임 퍼펙트 균형2는 성립하게 된다.

아래 게임을 2회만 반복하는 반복 게임의 서브게임 퍼펙트 균형들을 구해보시오.

[유한 반복 게임]

		민 혁 가	민 혁 나	민 혁 다
보 운	A	1, 1	6, 0	0, 0
보 운	B	0, 6	5, 5	0, 0
보 운	C	0, 0	0, 0	3, 3

일단 게임을 1회만 실행할 경우 순수전략 내쉬 균형은 (A,가)와 (C,다)이다. 1회 게임의 내쉬 균형만을 실행하는 것은 당연히 서브

게임 퍼펙트 균형이 되므로 일단 다음 네 개의 서브게임 퍼펙트 균형이 존재한다.

t=1	t=2
(A,가)	(A,가)
(A,가)	(C,다)
(C,다)	(A,가)
(C,다)	(C,다)

그런데 이상의 네 가지 균형 외에도 만일 보운과 민혁의 δ가 1에 가까운 값을 가지면 다음과 같은 다섯 번째 서브게임 퍼펙트 균형이 존재한다.

① 이퀼리브리엄 패스 : t=1에서 (B,나)를 실행한다. t=1에서 보운과 민혁이 (B,나)를 선택하면 t=2에서 (C,다)를 선택한다.

② 논이퀼리브리엄 패스 : t=1에서 보운과 민혁 중 한 명이 (B,나)를 선택하지 않아 약속이 깨지면 t=2에서 (A,가)를 선택한다.

마지막으로 선택을 하는 t=2에서 보운과 민혁은 1회 게임의 내쉬 균형인 (A,가)와 (C,다) 중 하나를 선택할 수밖에 없다. 그러나 t=1에서 보운과 민혁은 (A,가)와 (C,다) 외에도 (B,나)를 선택하는 것이 가능하다. 그런데 (B,나)는 그 자체로는 내쉬 균형이 아니라서 보운이나 민혁이 보상 5 대신 6을 얻기 위해서 약속을 어길 가능성이 있다. 하지만 이런 배신의 가능성을 막는 것이 가능한데 바로 당근과 채찍(carrot and stick)이다. t=1에서 약속을 지키면 두 참가자는 t=2에서 (C,다)를 선택하여 3을 얻는데 이것이 바로 당근이다. 그러나 t=1에서 약속을 어기면 두 참가자는 t=2에서 (A,가)를 선택하여 1을 얻는데 이것이 바로 채찍이다. 보운과 민혁은 채찍이 무섭고 당근은 얻고 싶어서 약속을 지키게 되는 것이다.

이때 단지 2회 반복으로 두 사람의 협력이 가능한 것은 이 게임에 내쉬 균형이 두 개 존재하기 때문이다. 두 내쉬 균형 중 하나를 당근으로 다른 하나를 채찍으로 쓴 것이다.

그러나 앞의 <주유소 게임>은 1회 실행 시의 내쉬 균형이 (3만원, 3만원)의 하나만 존재한다. 따라서 2회 또는 유한하게 반복하여 협력의 결과를 얻을 수 없다. 채찍만 있고 당근이 없기 때문이다. 따라서 무한 반복되는 경우에만 협력이 가능하다.

연습문제

종신고용 게임

직장인들의 인생을 둘로 나누어 젊은 시기와 늙은 시기가 있다고 하자. 젊은 시기에는 생산성이 높아서 회사를 위해 10의 이익을 올려주지만 늙은 시기에는 생산성이 낮아 회사에 −5, 즉 손해를 끼친다. 이를 나타낸 것이 다음의 표이다. (노말 형식이 아닌 것에 주의하시오)

[종신고용 게임]

직장인

회 사		젊은 시기	늙은 시기
	고용	10,5	−5,10
	해고	0,10	0,0

직장인은 젊어서 취직이 안 되면 자신의 사업을 할 수 있다. 사업을 하면 평생 10을 벌 수 있다고 하자. 반면 늙은 시기에 해고되면 사업이 불가능하여 젊은 시기 직장에서 번 5만이 평생 수입이 된다. 물론 취직이 되어 젊은 시기와 늙은 시기 모두 직장에서 급료를 받으면 15를 얻으므로 가장 원하는 결과이다. 이 게임에서 회사는 젊은 시기(t=1)와 늙은 시기(t=2)에 직장인을 "고용"할 수도 있고 "해고"할 수도 있다. 직장인은 역시 t=1, 2에서 각각 회사가 "고용"을 하려고 할 때 "근무"할 수도 있고 "사직"할 수도 있다.

(1) 이 게임의 익스텐시브 형식을 그려보시오.
(2) 서브게임 퍼펙트 균형을 구하시오.
(3) 서브게임 퍼펙트 균형에서 회사와 직장인이 얻는 보상을 얼마이며 두 참가자 모두 보상을 늘리는 방법이 있는지 생각해 보시오.
(4) 직장인은 t=1, 2에 근무 가능하지만 회사는 계속 새로운 직장인을 고용하여 영구히 지속된다고 가정을 바꾸면 두 참가자의 보상이 (2)의 상황에 비해 모두 올라가는 균형이 존재할 수 있는지 생각해 보시오.

연습문제

두 기업은 "협력"과 "배신" 중 하나를 선택하는 다음 게임을 무한반복하여 실행하고 있다. 다만 t=1, 3, 5…에서는 (a)를 실행하고 t=2, 4, 6…에서는 (b)를 실행한다. 즉, 게임이 반복은 되지만 홀수 회에서는 (a)가 반복되고, 짝수 회에서는 (b)가 반복되는 구조이다.

(a)

	협력	배신
협력	20, 20	−10, 40
배신	40, −10	0, 0

(b)

	협력	배신
협력	10, 10	−5, 20
배신	20, −5	0, 0

두 기업이 "협력"을 택하는 서브게임 퍼펙트 균형을 구하고 이를 만족시키기 위해 두 기업이 만족시켜야 할 시간 할인율의 조건을 구해보시오. 만일 "배신"을 택하게 된다면 (a)와 (b) 중에서 "배신"이 일어나기 더 쉬운 쪽은 어느 쪽인지 생각해 보시오.

7-2. 협상게임

[피자협상 게임]

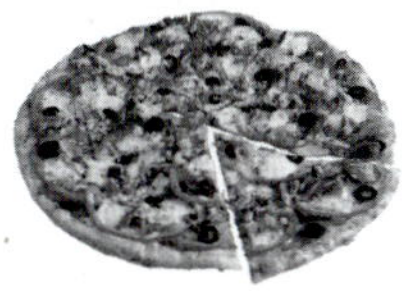

지은과 수빈은 피자 한 판을 어떻게 나눌 것인지 협상을 한다. 협상은 3회가 열리는데 1회와 3회에서는 지은이 피자를 나누는 비율을 제시하면 수빈은 "yes"를 선택하여 제안을 받든지 "no"를 선택하여 제안을 거절한다. 2회에서는 수빈이 제안을 하고 지은이 "yes" 또는 "no"를 선택한다. 3회까지 계속 "no"가 선택되는 경우에는 협상의 결렬로 둘은 피자를 먹지 못하여 보상 0을 얻는다. "yes"가 나오면 둘이 합의한 비율로 피자를 나눈다. 추가적인 가정은 1회에서는 따뜻한 피자를 100% 차지하면 100의 보상을 얻지만, 2회 3회로 갈수록 피자가 식기 때문에 2회에서는 100%의 피자를 차지해도 60만 얻을 수 있고, 3회에서는 20만 얻을 수 있다.

이제 <피자협상 게임>의 서브게임 퍼펙트 균형을 백워드 인덕션을 찾아보자.

(1) 일단 3회에서 수빈은 지은의 제안에 대해 "no"를 선택하면 0을 얻는다. 따라서 지은이 어떤 제안을 하든 "no"를 선택해서 "yes"보다 나아질 것이 없다. 수빈이 항상 "yes"를 할 것임을 아는 지은이 자신의 몫을 가장 늘리기 위해서는 자신이 피자 전체를 차지하여 20을 얻고 수빈에게는 0을 주겠다는 제안을 할 것이다. 따라서 {(20:0)을 제안, yes}가 3회에서의 서브게임 퍼펙트 균형이 된다.[11]

(2) 이제 2회를 생각해 보자. 수빈이 제안을 할 텐데, 수빈은 3회로 가면 지은이 20을 얻게 됨을 알고 있다. 따라서 지은에게 20보다 작은 분량을 제안하면 지은은 "no"를 선택할 것이 분명하다. 반대로 지은에게 20이상을 제안하면 지은은 "yes"를 할 것이다. 3회로 가면 자신이 0을 얻게 되므로 수빈은 반드시 2회에서 협상을 끝내고 싶을 것이고 따라서 지은에게 "yes"의 답을 얻을 수 있는 최소인 20을 제안할 것이다. 총 피자의 가치가 60인데 지은에게 20을 주면 수빈은 40을 얻는다. 따라서 {수빈이 지은에게 20이상을 주는 제안을 할 경우에만 yes, (20:40)을 제안}가 3회에서의 서브게임 퍼펙트 균형이 된다. 주의할 것은 2회의 자체도 다이내믹 게임이라는 것이다. 먼저 수빈이 제안하고 그 제안을 관찰한 지은이 답하는 구조

---

[11] 지은이 자신이 20－a를 가지고 수빈이 a(a>0)를 갖도록 제안해서 수빈이 "yes"하는 전략은 서브게임 퍼펙트 균형이 될 수 없다. 지은이 20－a/2를 가지고 수빈에게 a/2를 주겠다고 해도 수빈은 "yes"를 할 것이고 이 경우 지은의 보상은 이전보다 커지므로 지은이 이런 제안을 하는 것은 균형이 될 수 없다.

이므로 시간의 경과가 일어난다. 따라서 수빈의 제안에 대한 지은의 선택은 단순한 "yes" "no"가 아니고 수빈이 어떤 제안을 하면 "yes"이고 그 이외에는 "no"라는 식으로 전략이 구성되어야 한다.

(3) 1회에서도 2회와 같은 논리가 적용되어 따라서 {(60:40)을 제안, 지은이 수빈에게 40 이상을 주는 제안을 한 경우에만 yes}가 3회에서의 서브게임 퍼펙트 균형이 된다

결과적으로 <피자협상 게임>의 서브게임 퍼펙트 균형은 다음과 같다.

① 지은의 균형 전략 = {1회에서 (60:40)을 제안한다. 2회에서 수빈이 20 이상을 주겠다고 제안하는 경우에만 yes 선택, 3회에서 (20:0)을 제안}

② 수빈의 균형 전략 = {1회에서 지은이 40 이상을 주겠다고 제안하는 경우에만 yes 선택, 2회에서 (20:40) 제안, 3회에서 yes 선택}

이때 이퀄리브리엄 패스는 1회에서 지은이 (60:40)을 제안하고 수빈이 "yes"를 선택하는 것이다.

연습문제

<피자협상 게임>에서 다음은 서브게임 퍼펙트 균형은 아니지만 내쉬 균형임을 보이시오.

① 지은의 균형 전략 = {1회에서 (100:0)을 제안한다. 2회에서 무조건 no 선택, 3회에서 (20:0)을 제안}

② 수빈의 균형 전략 = {1회에서 무조건 no 선택, 2회에서 (0:60) 제안, 3회에서 무조건 no 선택}

연습문제

앞의 피자 게임에서 3회에서도 합의를 이루지 못하면 지은은 여전히 피자를 포기하고 0을 얻지만, 수빈은 4회에서 가치가 10으로 하락한 피자를 독차지 할 수 있다고 가정을 바꿔보자. 이때 서브게임 퍼펙트 균형을 구하고 3회에서 종결된 이전의 게임에 비해서 수빈의 보상이 어떻게 변했는지 비교해 보시오.

7-3. 주인-대리인(principal & agent) 게임

기업이나 조직을 운영하기 위해서 가장 바람직한 것은 어떤 한 사람이 돈과 전문 지식을 모두 가지고 있으면서 책임을 맡는 것이다. 현대의 기업이나 조직은 전문적인 지식을 갖지 못하면 경영을 할 수가 없다. 하지만 자신의 돈을 전혀 투자하지 않은 전문가가 기업과 조직을 운영하다 보면 혹시 실패하더라도 자신은 손해를 볼 일이 없기 때문에 태만한 행동이 나올 수 있다. 따라서 소유자가 직접 경영을 하는 것이 최선이다. 하지만 경제가 복잡해지면서 소유와 경영의 분리는 일어나고 있다. 일단 기업이나 조직을 소유할 정도로 돈이 많으면서 전문 지식을 가진 사람은 세상에 많지 않다. 또한 기업과 조직의 규모가 커지면서 아무리 부자라도 전자회사나 자동차 회사를 소유할 정도의 돈을 갖는 것은 불가능하다. 따라서 소유권을 분할해서 나누어 갖게 되는데 수백 수천 명의 소유자들이 모두 경영에 참여할 수도 없다.

이렇게 소유과 경영의 분리가 사회 전반에 걸쳐 나타나면서 심각한 문제로 대두된 것이 주인－대리인 문제이다. 소유자인 주인에게 위탁을 받아서 기업과 조직은 운영하는 대리인들이 주인을 위해서 노력해야 하는 책무를 소홀히 하는 문제이다. 정확히는 "도덕적 해이(moral hazard)"[12]와 "역선택(adverse selection)"[13]이라는 두 가지 형태의 주인－대리인 문제가 있는데 서브게임 퍼펙트 균형의 적용에서 "도덕적 해이"를 다루고 추후에 불완전 정보 게임을 배우면서 "역선택"을 다루겠다.

주인－대리인 게임에서 도덕적 해이 상황을 다음의 <주인－대리인 게임>을 통해서 파악해 보겠다.

[주인－대리인 게임]

극관은 희진이가 주인인 편의점에서 알바를 하고 있다. 극관의

---

12 대리인이 주인에게 약속한 수준의 노력을 하지 않으면서 노력했다고 속이는 문제. 즉, 약속된 **행동**을 하지 않는 문제.

13 능력이 부족한 사람이 능력이 있다고 속여서 대리인이 되거나 품질이 낮은 상품을 품질이 높다고 속여서 사도록 하는 문제. 즉, **능력**을 속이는 문제.

노력 수준은 e^H, e^L뿐이다. 극관에게 높은 노력의 비용은 1,500이고 낮은 노력의 비용은 0이다. 유보효용(reservation utility)은 500이다. 이 편의점의 매출은 다음 세 가지 결과 중 하나로 나타난다고 하자. $(X_1, X_2, X_3)=(\$1,000,000,\ \$4,000,000,\ \$9,000,000)$. 주인인 희진은 위험중립적이고 대리인인 극관은 위험기피적으로서 효용이 $u=\sqrt{w}-c(e^k)$이다. (k=H, L). 극관이 높은 수준의 노력을 기울이면 각 결과가 나올 확률은 $(p_1^H, p_2^H, p_3^H)=(\frac{1}{6}, \frac{1}{6}, \frac{2}{3})$이고 낮은 수준의 노력을 기울이면 확률이 $(p_1^L, p_2^L, p_3^L)=(\frac{2}{3}, \frac{1}{6}, \frac{1}{6})$이 된다.

(1) 극관의 노력 수준을 희진이 관찰할 수 있을 경우 희진이 결정할 $(w_1\ w_2\ w_3)$을 구하시오. 그리고 이때 극관의 노력 수준과 희진의 이윤을 구하시오.

(2) 극관의 노력 수준을 희진이 관찰할 수 없을 경우 희진이 결정할 $(w_1\ w_2\ w_3)$을 구하시오. 그리고 이때 극관의 노력 수준과 희진의 이윤을 구하시오.

예비지식이 없으면 <주인－대리인 게임>을 보고 이해하기가 쉽지 않으므로 위의 게임과 관련하여 배경 설명을 해보자.

우선 이 게임의 두 참가자인 주인 희진과 대리인 극관을 각각 살펴보자. 주인 희진은 이윤을 최대화시키고자 하는데 이윤에 있어서 중요한 두 가지가 (x_1, x_2, x_3)로 표시되는 편의점의 매출과 $(w_1\ w_2\ w_3)$로 표시되는 극관에 대한 임금지불이다. 당연히 희진은 매출은 높이고 임금은 낮추고자 한다. 그리고 희진이 선택할 수 있는 임금

$(w_1\ w_2\ w_3)$가 이 게임에서 희진의 전략이다. 대리인 극관에게도 두 가지가 중요하다. 하나는 임금 $(w_1\ w_2\ w_3)$이고 다른 하나는 노력 수준은 e^H, e^L이다.(e^H는 높은 노력 수준이고 e^L은 낮은 노력 수준이다) 당연히 극관은 임금은 높아지고 노력 수준은 낮은 것을 선호한다. 그래서 극관의 효용이 $u = \sqrt{w} - c(e^k)$인 것이다. 극관이 선택할 수 있는 것은 노력 수준 e^H, e^L이고 이것이 극관의 전략이다. 대리인 극관이 가진 또 하나의 선택은 희진의 편의점에서 일하지 않고 다른 직장을 찾는 것이다.

우리가 바로 알 수 있는 것은 임금을 둘러싼 갈등 구조인데 희진은 임금이 낮은 것을 원하고 극관은 임금이 높은 것을 원하기 때문이다. 그리고 희진에게는 극관의 노력이 직접적으로 중요하지 않지만 희진이 원하는 매출 증가를 결정하는 중요한 요소가 극관의 노력이므로 희진은 극관의 노력이 높아지길 원하는 반면 극관은 노력을 낮추고 싶어한다. 따라서 주인－대리인 관계는 협력관계이면서도 임금과 노력을 둘러싸고 이해가 상충되는 갈등관계이기도 하다. 주인－대리인 게임이 다이내믹 게임이고 서브게임 퍼펙트 균형이 적용되는 이유는 현실에서 주인이 먼저 대리인에게 임금을 제시하면 대리인이 그 임금을 보고 자신의 행동을 결정하기 때문이다. 이때 대리인은 주어진 임금을 보고 먼저 (1) 이 편의점에서 일을 할 것인가를 결정하고, (2) 만일 일을 하기로 하면 얼마나 노력할 것인가를 결정한다. 따라서 $t=1$에서 희진이 임금을 정하면 $t=2$에서 극관이 근무 여부와 노력 수준을 정하는 것이 이 게임의 구조이다. 당연히 희진은 t=1에서 임금을 정할 때 t=2에서 극관의 행동을 백워드 인덕션으로 예상하고 정할 것이다.

주인-대리인 문제가 발생하기 위해서는 다음 4가지의 조건이 만족되어야 한다.

(1) 정보의 비대칭성(asymmetric information) : 주인이 대리인의 선택을 관찰할 수 없어야 한다는 의미이다. 희진이 알바생 극관의 노력 수준을 관찰할 수 있다면 노력 수준이 e^H일 때만 임금을 지불하면 대리인 문제는 원천적으로 막을 수 있다. 이 때 주의할 점은 현실에서 주인은 대리인의 노력 수준을 파악하는 것만으로는 충분하지 않고 객관적으로 증명을 할 수 있어야 한다는 것이다. 심증으로 임금을 주지 않는 것은 법치국가에서는 불가능하기 때문이다.

(2) 불확실성(uncertainty) : 대리인 극관의 노력을 관찰할 수 없더라도 노력 수준에 따라 매출이 정해진다면 주인 희진은 극관의 노력 수준을 정확히 파악할 수 있다. 따라서 비대칭정보가 사라지고 주인-대리인 문제도 사라진다. 그 이유는 주인은 노력 수준은 관찰할 수 없지만 매출은 항상 관찰 가능한데 매출을 보면 노력 수준이 보이기 때문이다. 현실에서는 열심히 공부해도 성적이 안 나올 수도 있고 극관이 열심히 근무해도 매출이 안 오를 수도 있는데 이것이 불확실성이다.

(3) 유보 임금(reservation wage) : 대리인 입장에서 생각하면 주인이 원하는 노력 수준보다 낮은 노력을 하는 것이 이해가 되는

면이 있다. 높은 수준의 노력을 하면 낮은 수준의 노력을 할 때보다 개인적인 비용이 발생한다. 즉, 힘들다. 그런데 불확실성이 존재하므로 힘들게 일하고도 결과가 안 좋을 수도 있고, 게으름을 피워도 결과가 좋을 때도 있다. 물론 열심히 일하면 매출이 늘어날 확률이 좀 높아지긴 하지만, 열심히 했는데 매출이 낮게 나오면 힘만 들고 주인에게 인정도 못 받고 임금도 낮아지는 억울한 상황이 발생한다. 따라서 대리인은 노력 수준을 높이기를 주저한다. 그런데 만일 매출이 낮아지면 희진이 극관을 교도소에 넣는다든지 임금을 주기는커녕 극관의 집을 팔아서 그 돈을 희진이 갖도록 한다면 극관은 최악의 상황을 피하기 위해서 불확실성에도 불구하고 매출을 올리기 위해 높은 노력을 할 것이다. 따라서 주인－대리인 문제는 사라진다. 그러나 인권이 중시되며 개인의 자유가 중시되는 민주국가에서 편의점 주인이 알바생에게 돈을 받는 것은 허용되지 않는다. 또 극관은 언제라도 편의점 알바를 그만두고 다른 직장을 찾을 직업 선택과 이전의 자유가 있다. 따라서 주인인 희진이 극관에게 지급하는 임금 (w_1 w_2 w_3)는 0이상의 값을 가져야 하며 극관이 다른 직장으로 이동하여 받을 수 있는 금액을 의미하는 유보임금 이상의 임금을 지급해야 극관이 희진을 위해 일할 것이다.[14]

(4) 위험 기피(risk averse) : 대리인 극관과 주인 희진을 비교했을

---

14 대리인 극관이 다른 직장에서 받을 수 있는 임금이 유보임금이라면, 그 유보임금을 통해서 극관이 느끼는 만족감이 유보효용(reservation utility)이다.

때 극관이 희진보다 위험 기피적이어야만 주인-대리인 문제가 발생할 수 있다. 직관적으로 설명하자면 주인-대리인 문제의 본질은 실제로 업무를 처리하는 대리인의 노력 수준을 주인이 관찰할 수 없다는 것인데 만일 대리인이 주인의 사업을 인수해서 주인=대리인, 즉 주인과 대리인이 동일인이 되면 당연히 문제가 해결되기 때문이다. 물론 대리인이 돈이 없을 수 있지만, 주인에게 기업 인수와 동시에 돈을 빌린다면 이 문제도 해결된다. 무엇보다 주인-대리인 문제가 해결되면 그 기업 또는 조직의 이윤이 증가할 것이므로 대리인이 주인이 되는 것은 대리인은 물론 주인에게도 이익인 것이다. 그러나 현실에서 대리인이 주인으로부터 기업이나 조직을 인수하지 못하는 궁극적인 이유는 대리인이 배짱이 없기 때문이다. 즉, 위험을 싫어하기 때문이다. 현실에서는 조직 운영의 지식은 없지만 돈과 담력이 있는 주인과 지식은 있지만 자신의 책임하에 조직을 맡을 담력이 없는 대리인이 많이 존재하며 이런 서로 다른 두 부류의 사람들이 만나서 주인-대리인 관계를 맺는다. 만일 주인보다 위험에 대해 담대한 대리인이 있다면 곧 대리인이 주인으로부터 그 사업을 인수할 것이고 주인-대리인 문제는 사라질 것이다. 대리인의 위험기피성향은 주인에게는 고민을 안겨준다. 대리인의 노력 수준을 올리기 위해서 주인은 임금에 인센티브를 도입해야 한다. 즉, 매출이 좋으면 임금을 더 주고 매출이 나쁘면 임금을 덜 주는 것이다. 문제는 이런 인센티브 임금은 임금이 불안정하다는 뜻이므로 위험을 싫어하는 대리인은 좋아하지 않는다. 즉, 인센티브 임금을 도입하려면 평균적으로 더 높은 임금을 대리인에게 지급해야 한다. 그렇지 않으면 대리인은 다른 직장으로 이동할 것이기 때문이다. 인센티브를 안 주면 노력을 덜하고 인센티브를 주면 높은 임금을 주어야 하는 것이 주인의 고민인 것이다.

(풀이)

(1) 희진이 극관의 노력 수준을 관찰할 수 있는 비현실적인 경우를 생각해 보자. 정보의 비대칭성이 사라져서 주인－대리인 문제가 발생하지 않는 이상적인 경우로서 현실적인 경우와의 비교를 위해서 분석이 필요하다. 이때 희진은 극관에게 e^H을 요구할 수도 있고 아니면 e^L를 요구할 수도 있다.

① 희진이 극관에게 e^H을 요구한다면 이때 t=1에서 희진의 기대 이윤은 다음과 같다.

$$\pi^H = p_1^H \cdot (x_1 - w_1) + p_2^H \cdot (x_2 - w_2) + p_3^H \cdot (x_3 - w_3)$$

극관의 노력 수준은 이미 희진에게 관찰되고 있으므로 t=2에서 극관은 희진의 편의점에서 일할 것인가 아닌가만 결정할 수 있는데 극관이 희진의 편의점에서 일할 조건은 다음과 같다.

$$p_1^H \cdot \sqrt{w_1} + p_2^H \cdot \sqrt{w_2} + p_3^H \cdot \sqrt{w_3} - 1{,}500 \geq 500$$

여기서 1,500은 높은 노력 수준의 비용이고 500은 유보효용이다. 극관이 편의점을 떠나지 않게 하면서 희진이 이윤을 극대화하도록 계산을 하면 $w_1 = w_2 = w_3 = 4{,}000{,}000$이고 이때 희진의 이윤은 $\pi^H = 2{,}833{,}333$이다.

② 희진이 극관에게 e^L을 요구한다면 이때 t=1에서 희진의 기대이윤과 극관이 t=2에서 편의점 알바 일을 할 조건은 다음과 같다.

$$\pi^L = p_1^L \cdot (x_1 - w_1) + p_2^L \cdot (x_2 - w_2) + p_3^L \cdot (x_3 - w_3)$$

$$p_1^L \cdot \sqrt{w_1} + p_2^L \cdot \sqrt{w_2} + p_3^L \cdot \sqrt{w_3} - 0 \geq 500$$

이때 희진의 선택은 $w_1 = w_2 = w_3 = 250{,}000$이고 이때 희진의 이윤은 $\pi^L = 2{,}533{,}333$이다.

$\pi^H > \pi^L$이므로 희진은 극관에게 e^H을 요구할 것이다.

(2) 이제 희진이 극관의 노력 수준을 관찰할 수 없는 현실적인 경우를 생각해 보자.

① 희진이 극관에게 e^H을 요구한다면 이때 t=1에서 희진의 기대 이윤은 다음과 같다.

$$\pi^H = p_1^H \cdot (x_1 - w_1) + p_2^H \cdot (x_2 - w_2) + p_3^H \cdot (x_3 - w_3)$$

희진은 극관의 노력 수준을 관찰할 수 없으므로 t=2에서 극관 스스로 e^H를 선택하도록 임금을 설계하여야 한다. 극관이 편의점을 떠나지 않고 e^H를 선택할 조건은 다음과 같다.

$$p_1^H \cdot \sqrt{w_1} + p_2^H \cdot \sqrt{w_2} + p_3^H \cdot \sqrt{w_3} - 1{,}500 \geq 500$$

$$p_1^H \cdot \sqrt{w_1} + p_2^H \cdot \sqrt{w_2} + p_3^H \cdot \sqrt{w_3} - 1{,}500 \geq p_1^L \cdot \sqrt{w_1} + p_2^L \cdot \sqrt{w_2} + p_3^L \cdot \sqrt{w_3} - 0$$

두 번째 식에서 부등호의 왼쪽은 극관이 e^H를 선택할 경우의 효용이고 오른쪽은 e^L를 선택할 경우의 효용이다. 위의 두 부등호를 만족시키면서 희진의 이윤을 극대화하는 임금은 $w_1 = w_2 = 0$, $w_3 = 9{,}000{,}000$이다. 이때 희진의 이윤은 $\pi^H = 833{,}333$이다.

③ 희진이 극관에게 e^L을 요구한다면 이때 $t=1$에서 희진의 기대 이윤과 극관이 $t=2$에서 e^L를 선택하여 편의점 알바 일을 할 조건은 다음과 같다.

$$\pi^L = p_1^L \cdot (x_1 - w_1) + p_2^L \cdot (x_2 - w_2) + p_3^L \cdot (x_3 - w_3)$$

$$p_1^L \cdot \sqrt{w_1} + p_2^L \cdot \sqrt{w_2} + p_3^L \cdot \sqrt{w_3} - 0 \geq 500$$

$$p_1^L \cdot \sqrt{w_1} + p_2^L \cdot \sqrt{w_2} + p_3^L \cdot \sqrt{w_3} - 0 \geq p_1^H \cdot \sqrt{w_1} + p_2^H \cdot \sqrt{w_2} + p_3^H \cdot \sqrt{w_3} - 1{,}500$$

이때 세 번째 식의 부등호는 신경 쓰지 않고 계산을 하면 자연히 충족된다. 대리인 극관으로서는 낮은 노력 수준을 선택하고 싶기 때문에 특별한 인센티브를 주지 않으면 e^L을 선택할 것이기 때문이다. 따라서 이 결과는 희진이 극관의 행동을 관찰할 수 있을 때와 같이

$w_1 = w_2 = w_3 = 250,000$이고 이때 희진의 이윤은 $\pi^L = 2,533,333$이다.

결국 $\pi^L > \pi^H$이므로 희진은 극관에게 e^L을 요구할 것이다.

결론적으로 주인이 대리인을 관찰할 수 있는 이상적인 상황에서는 e^H을 요구하지만 관찰이 불가능해지면 e^L을 요구하게 되는데, 이것이 바로 주인－대리인 관계에서 도덕적 해이의 본질이다. 즉, 도덕적 해이는 주인이 대리인에게 강한 인센티브 임금을 주면 해결될 수 있지만, 인센티브 임금을 주면 평균 임금이 상승하여 오히려 이윤 감소가 일어나므로 주인이 대리인의 낮은 노력 수준을 알면서도 용인하는 구조라고 보는 것이 맞다. 위의 희진 극관의 사례에서도 보듯이 이상적인 상황과 비교하여 도덕적 해이 상황에서 극관의 효용이 반드시 올라가는 것이 아니다. 다만 확실한 것은 희진의 이윤은 하락하게 되고 사회적으로는 비효율이 발생된다는 점이다.

08

불완전 정보 게임과 베이지안 내쉬 균형

이 세상에 존재하는 게임을 구분하는 기준으로 원샷 게임과 다이내믹 게임이 있다는 것을 학습하였다. 그런데 이와는 전혀 다른 기준이 있는데 바로 완전정보 게임(complete information game)과 불완전정보 게임(incomplete information game)이다. 완전정보 게임은 게임의 참가자들이 다른 참가자들의 보상에 대해 파악하고 있는 경우이다. 지금까지 우리가 학습한 모든 게임은 완전정보 게임이다. 하지만 이 세상에는 다른 사람의 보상을 알지 못하면서 하는 게임도 많다. 예를 들어 젊은 여성이 남자친구가 있는데 이 남성의 인생관이 결혼하고 가정을 이루어 안정적인 삶을 살고자 할 수도 있고, 결혼은 속박이라고 생각하고 전혀 할 생각이 없을 수도 있다. 이런 두 가지 유형의 남성은 결혼이라는 선택을 놓고 전혀 다른 보상을 얻게 되는데 결혼을 원하는 남성은 결혼을 하면 효용이 오를 것이지만 결혼을 원하지 않는 남성은 오히려 효용이 떨어질 것이기 때문이다. 문제는 많은 경우 전혀 결혼에 관심이 없는 남성이라도 결혼하고 싶다고 거짓말을 할 수 있는데 남성의 진실한 보상을 알지 못하는 여자친구에게는 복잡한 게임이 될 수 있다.

게임이론에서는 다른 참가자의 보상이 여러 가지 형태를 가질 수 있는 경우 각각의 가능성에 대하여 타입(type)이라는 용어를 사용한다. 즉, 남자친구에는 결혼을 원하는 타입과 결혼을 원치 않는 타입이 있다라는 식이다.

[남자친구 성향 게임]

타입 1(결혼 선호) 70% 여자친구

		데이트 수락	데이트 거절
남자친구	결혼 함	10, 10	0, 0
	결혼 안 함	5, −10	0, 0

타입 2(결혼 비선호) 30% 여자친구

		데이트 수락	데이트 거절
남자친구	결혼 함	−10, 10	0, 0
	결혼 안 함	10, −10	0, 0

이상의 <남자친구 성향 게임>에는 남자친구와 여자친구라는 두 참가자가 있지만 남자친구는 70%의 확률로 결혼을 선호하는 타입이고 30%의 확률로 결혼을 비선호하는 타입니다. 당연히 남자친구는 자신의 타입을 알지만 여자친구는 남자친구가 두 타입 중 하나라는 사실과 각각의 확률이 70%와 30%라는 사실만 알고 있다.

이런 불완전정보 게임을 예측할 때는 타입 1 남자친구는 어떤 선택을 하고 타입 2 남자친구는 어떤 선택을 하는지를 구분해서 기입해야 한다. 불완전정보 게임의 균형은 기본적으로 내쉬 균형과 같지만, 서로 다른 타입의 균형 전략을 모두 기입해야 한다는 점이 완전정보 게임의 내쉬 균형과의 차이이다. 불완전정보 게임의 균형을 베이지안 내쉬 균형(Bayesian Nash Equilibrium)이라고 부른다.

<남자친구 성향 게임>에서 우리는 다음과 같은 베이지안 내쉬 균형을 찾을 수 있다.

① 타입 1 남자친구 : 결혼 함

② 타입 2 남자친구 : 결혼 안 함

③ 여자친구 : 데이트 수락

우선 남자친구의 선택을 보면 이 균형에서 여자친구가 "데이트 수락"을 선택했으므로 타입 1은 "결혼 함"을 택하여 10을 얻는 것이 "결혼 안 함"을 택하여 5를 얻는 것보다 좋으므로 "결혼 함"을 택한다. 반면 타입 2는 "결혼 안 함"을 택할 때 더 큰 보상을 얻게 된다.

문제는 여자친구의 선택인데, 여자친구는 "데이트 거절"을 선택하면 남자친구의 타입에 상관없이 0을 얻는다. 반면 "데이트 수락"을 선택하면 타입 1의 남자친구를 70%의 확률로 만나 결혼하여 10을 얻는 반면 30%의 확률로 타입 2의 남자친구를 만나 결혼하지 못하고 마음의 상처로 －10을 얻게 된다. "데이트 수락"의 기댓값이 0.7 · 10＋0.3 · (－10)＝4가 되어서 "데이트 거절"의 보상 0보다 크기 때문에 여자친구는 "데이트 수락"을 선택하는 것이다.

8-1. 생산비용을 모르는 기업과의 쿠르노 경쟁

다시 신촌에서 호떡을 파는 태윤과 창석이 쿠르노 경쟁을 하는 상황을 생각해 보자. 창석의 호떡집은 호떡 1개당 1원의 생산비용이 발생하지만 태윤에게는 두 가지 가능성이 있다. 2/3의 확률로 태윤의 생산 단가는 0.75원이고 1/3의 확률로 태윤의 생산 단가는 1.25이다. 태윤은 본인의 타입을 알고 있지만, 창석은 확률만 알고 있을 뿐 태윤의 타입을 정확히 알지 못한다. 신촌의 호떡 수요는 $q=20-p$이다. 이때 태윤(T)과 창석(C)이 쿠르노 경쟁을 하면 생산량 q_T와 q_C는 어떻게 되겠는가? 베이지안 내쉬 균형을 구하여 설명해 보자.

일단 태윤과 창석의 이윤은 다음과 같다. 이때 생산단가가 0.75인 태윤은 L타입(low cost)이라 하고 1.25인 태윤은 H타입(high cost)이라고 표시한다.

$$\pi_T^L = (20-(q_T^L+q_C)-0.75)q_T^L$$

$$\pi_T^H = (20-(q_T^H+q_C)-1.25)q_T^H$$

$$\pi_C = \frac{2}{3}(20-(q_T^L+q_C)-1)q_C+\frac{1}{3}(20-(q_T^H+q_C)-1)q_C$$

반복하여 언급하지만 불완전정보 게임에서는 같은 참가자라 해도 타입이 다르면 다른 참가자로 간주하여 각 타입마다의 균형 전략을 찾아내야 한다. 위의 식에서는 마치 타입 L 태윤, 타입 H 태윤, 그리고 창석이라는 세 명의 호떡 판매자가 경쟁을 하는 것처럼 되어 있다.

다소 복잡한 계산을 거쳐서 베이지안 내쉬 균형을 구해보면 다음과 같다.

① 타입 L의 태윤 : $q_T^L = \frac{233}{36}$,

② 타입 H의 태윤 : $q_T^H = \frac{56}{9}$,

③ 창석 : $q_C = \frac{227}{36}$

연습문제

두 기업이 Q=2-p인 수요곡선을 갖고 있는 시장에서 쿠르노 경쟁을 하고 있다. 기업 1은 1/3의 확률로 한계 비용이 MC=5/4이며 2/3의 확률로 한계비용이 MC=3/4이다. 기업 2는 2/3의 확률로 MC=5/4이고 1/3의 확률로 MC=3/4이다. 기업들은 자신의 한계비용은 알지만 상대의 한계비용은 그 확률밖에 모른다. 베이지안 내쉬 균형을 구하시오.

다음은 기업들 간에 발생 가능한 상황을 게임으로 만들어 본 것이다. 기존에 시장을 100% 점유하고 있는 기존기업이 있는데 신규기업이 이 시장에 진입할 것인가 아닌가를 망설이고 있는 상황이다. 이때 기존기업은 생산 비용이 신규기업에 비해 낮을 수도 있고 높을 수도 있다. 그리고 기존기업은 신규기업이 진입할 때에 "사생결단"을 내서 두 기업 중 한쪽이 시장에서 철수하는 상황으로 몰고 갈 수 있는데 당연히 이 경우 시장에서 철수하는 것은 생산비용이 높은 기업일 것이다. 반면 “공존”을 선택하면 두 기업 모두 양의 이윤을 내겠지만 생산비용이 낮은 쪽이 더 높은 이윤을 얻게 된다.

[진입 게임]

타입 1 (낮은 비용) 40% 신규기업

		진입	포기
기존기업	사생결단	15, −20	20, 0
	공존	10, 5	20, 0

타입 2 (높은 비용) 60% 신규기업

		진입	포기
기존기업	사생결단	−20, 15	20, 0
	공존	5, 10	20, 0

이 게임의 베이지안 내쉬 균형은 다음과 같다.

① 타입 1 기존기업 : 사생결단

② 타입 2 기존기업 : 공존

③ 신규기업 : 포기

여기서 신규기업이 “포기”를 선택하면 0을 얻는 반면 “진입”을 선택하면 0.4의 확률로 −20을 얻고 0.6의 확률로 10을 얻게 되므로 기댓값이 −2가 된다. 따라서 “포기”를 선택하게 된다.

태윤과 창석은 룸메이트이다. 이 둘은 직장에서 돌아오는 길에 평소에 즐겨 먹는 식당에서 만두를 포장해서 저녁을 같이 먹을 수 있다. 둘 중 한 명이라도 만두를 포장해 오면 둘은 그 만두를 먹지만 아무도 만두 포장을 해오지 않으면 라면을 끓여서 먹여야 한다. 라면을 먹을 때의 효용은 0이고 한 사람이 포장한 만두를 나누어 먹으면 20의 효용을 얻는다. 두 사람 모두 포장을 해오는 경우 양이 너무 많아서 다 먹지 못하므로 효용은 25가 된다. 문제는 이 만두를 포장하기 위해서는 직장에서 길을 돌아서 집에 와야 한다는 사실이고 이에 따라 태윤 창석은 각각 c_t와 c_c의 비용이 발생한다. 그런데 태윤과 창석이 피곤한 퇴근길에 먼 길을 돌아서 만두를 포장하는 것을 얼마나 싫어하는가에 따라서 c_t와 c_c의 크기는 25가 될 수도 있고 10이 될 수도 있다. 비용이 25인 경우는 '피곤타입'이라고 부르고 비용이 10인 경우를 '활력타입'이라고 부르자. 태윤이 '피곤타입'일 확률은 20%이고 '활력타입'일 확률은 80%라고 하자. 창석의 확률도 동일하다.

[식사 포장 게임]

태윤 \ 창석	포장	안함
포장	$25-c_t$, $25-c_c$	$20-c_t$, 20
안함	20, $20-c_c$	0, 0

이 <식사 포장 게임>의 베이지안 내쉬 균형을 구해보자. 이 게임에는 베이지안 내쉬 균형이 다수 존재하는데 일단 다음 두 가지를 찾을 수 있다.

(1) 베이지안 내쉬 균형 1

① 피곤타입 태윤 : 안함, ② 활력타입 태윤 : 포장,
③ 피곤타입 창석 : 안함, ④ 활력타입 창석 : 안함

(2) 베이지안 내쉬 균형 2

① 피곤타입 태윤 : 안함, ② 활력타입 태윤 : 안함,
③ 피곤타입 창석 : 안함, ④ 활력타입 창석 : 포장

이상의 두 균형들은 동일한 구조를 가진다. 일단 비용이 25인 피곤타입은 "안함"을 택한다. 균형 1에서는 활력타입 창석도 "안함"을 택하는 것으로 되어 있는데, 일단 이것을 받아들이면 활력타입 태윤은 "안함"을 택하면 0을 얻는 반면 "포장"을 택하면 20－10＝10을 얻게 된다. 10＞0이므로 "포장"을 한다. 그럼 이때 활력타입 창석이 "안함"을 택한 것은 현명한 것일까? 태윤이 활력타입일 확률이 0.8이므로 창석이 "안함"을 택하면 0.8의 확률로 20을 얻고 0.2의 확률로 0을 얻으므로 기댓값은 16이다. 반면 창석이 "포장"을 택하면 0.8의 확률로 25－10＝15를 얻고 0.2의 확률로 20－10＝10을 얻으므로 기댓값은 12＋2＝14가 된다. 16>14이므로 창석은 "안함"을 택하는 것이 맞다. 균형 2도 같은 방법으로 설명된다.

(3) 베이지안 내쉬 균형 3

① 피곤타입 태윤 : 안함,

② 활력타입 태윤 : 포장을 x의 확률로 선택,

③ 피곤타입 창석 : 안함,

④ 활력타입 창석 : 포장을 x의 확률로 선택

세 번째 균형은 혼합균형이다. 역시 비용이 큰 피곤타입은 "안함"을 선택하고 활력타입들이 x의 확률로 "포장"을 선택하고 1－x의 확률로 "안함"을 선택하는 경우이다. 이런 혼합균형이 존재하기 위해서는 활력타입이 "안함"과 "포장"에서 동일한 기댓값을 얻어야 하므로 다음 조건이 만족되어야 한다.

$$[0.2+0.8\cdot(1-x)]\cdot(20-10)+0.8\cdot x(25-10)$$
$$=[0.2+0.8\cdot(1-x)]\cdot 0+0.8\cdot x\cdot 25$$

이 식에서 왼쪽은 "포장"의 기댓값이고 오른쪽은 "안함"의 기댓값이다. 위의 식을 만족시키는 것은 x＝5/8이므로 이 x값을 대입하면 베이지안 내쉬 균형 3이 성립된다.

09

퍼펙트 베이지안 균형

완전정보 게임에서도 원샷 게임과 다이내믹 게임이 있듯이 불완전 정보 게임에서도 역시 원샷 게임과 다이내믹 게임이 존재한다. 완전정보 게임에서 내쉬 균형은 원샷 게임이나 다이내믹 게임에서 모두 존재하지만, 다이내믹 게임에서 '헛된 협박'에 넘어가는 단점이 있기에 우리는 서브게임 퍼펙트 균형을 새로이 정의해야 했음을 기억할 것이다.

불완전 정보 게임의 베이지안 내쉬 균형도 마찬가지이다. 시간의 경과가 포함된 다이내믹 게임의 경우에는 베이지안 내쉬 균형만으로는 한계가 있기에 우리는 새로이 퍼펙트 베이지안 균형(Perfect Bayesian Equilibrium)이라는 개념을 도입하여야 한다.

퍼펙트 베이지안 균형의 특징은 빌리프(belief)의 업데이트(update)가 이루어진다는 점이다. 앞서 우리는 불완전정보 게임에는 타입이 존재하며 참여자가 특정 타입일 확률이 있다고 보았는데 이 확률을 빌리프라고 한다. 그런데 다이내믹 게임에서 원샷 게임과는 달리 참가자들이 상대방의 행동을 관찰할 기회를 갖게 된다. 상대방을 관찰할 기회를 갖는다는 것은 그 관찰에 의해서 상대방의 타입을 보다 정확히 파악할 수 있는 기회를 갖는다는 의미이다. 예를 들어 어떤 기업의 과장은 처음 신입사원이 들어오면 그 신입사원이 성실한지 아닌지에 대해 정확히 모르지만 한 달 정도 같이 일을 해 보면 완전히 알 수는 없어도 신입사원의 성실성에 대해 처음보다는 정보를 얻게 된다는 의미이다. 정보를 얻어서 그 사람이 어떤 타입인지 조금 더 확신을 얻게 되는 과정을 빌리프의 업데이트라고 표현한다.

순수하게 빌리프 업데이트를 생각하면 단순한 작업으로 볼 수 있다. 신입사원이 시키지도 않았는데 야근을 하고 주말 근무도 자원한다면 성실할 가능성이 높아지는 것이다. 정말일까? 이 신입사원은 현재는 비정규직인데 1년간 근무 태도를 보고 과장이 정규직으로 올려줄 수 있다고 가정하고 여러분 자신이 성실하지 않은 신입사원의 입장이라면 어떻게 할지 생각해 보라. 일단 신입사원은 열심히 하지 않으면 정규직이 될 수 없으므로 성실하고 열심히 근무할 것이다. 하지만 그래서 정규직이 되면 어떻게 할 것인가? 본성이 게으른 당신은 더 이상 해고당하지 않을 것이므로 갑자기 야근도 거절하고 주말에는 회사에 나가지 않을 것이다. 그러면 과장은 신입사원에게 속아서 정규직으로 만들어주었음을 뒤늦게 깨달을 것이다. 즉, 빌리프 업데이트 과정에서 업데이트의 대상이 되는 신입사원은 자신의 타입을 숨기고 마치 다른 타입인 것처럼 행동할 이유가 충분히 있는 것이다.

결혼을 앞둔 여성이 망설이는 이유도 동일하다. 데이트 기간 중

매너가 없고 능력도 없어 보이는 남성과 결혼을 생각할 여성은 없을 것이다. 문제는 데이트 기간 중에 매너가 좋고 능력 있어 보이는 남성이라도 정말로 그런 타입인지 아니면 데이트 기간 중에만 억지로 그런 척을 한 것인지 파악이 힘들다는 사실이다. 하지만 100% 남성을 파악하고 결혼하는 것은 불가능하므로 어느 정도의 불확실성을 안고 결혼을 결정해야 한다. 불완전정보 다이내믹 게임에서 빌리프의 업데이트는 이런 내용을 담고 있다. 당연히 지금까지 학습한 게임들에 비해서 훨씬 복잡한 구조를 가지게 된다.

[조교 게임]

한순구 교수는 규성학생에게 조교 장학금을 최대 2년간 줄 수 있다. 각각의 연도에 한교수는 해당 연도의 장학금을 규성학생에게 줄지 말지를 결정한다. 단, 규성은 t=1에서 장학금을 받지 못하면 t=2에서는 대상이 되지 못한다.

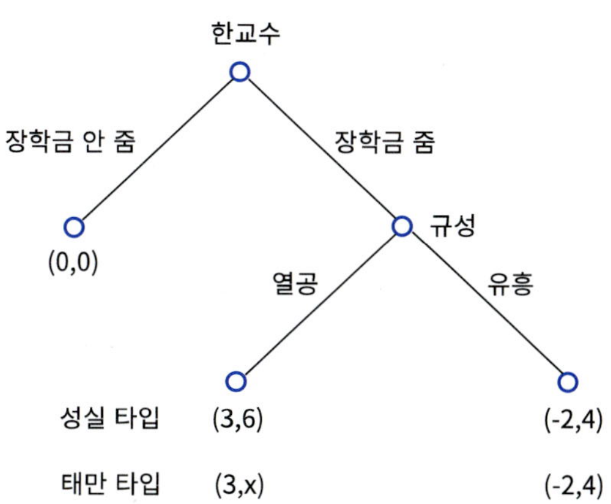

규성학생은 p의 확률로 성실 타입이고 1－p의 확률로 태만 타입이지만 한교수는 규성의 정확한 타입을 모른다. 위의 상황은 두 번 반복되며 t=2에서의 할인은 없다고 하자.

이 게임의 퍼펙트 베이지안 균형을 찾으시오.

이 게임에서 성실 타입의 규성 학생은 언제나 “열공”을 “유흥”보다 선호한다. 그런데 한교수는 “열공”하는 학생을 선호하여 장학금을 “열공”을 선택하는 학생에게 주고자 하므로 성실 타입의 규성은 자신의 타입을 숨기기보다는 그대로 드러내려고 할 것이다. 결과적으로 성실 타입 규성은 t=1, 2에서 항상 “열공”을 선택한다.

① $S_{k(\text{성실})}^{t=1} = S_{k(\text{성실})}^{t=2} = \text{열공}$

이때 S는 전략이고, t=1, t=2는 시기를 나타내며 k(성실)는 성실한 타입의 규성을 의미한다. 즉, 위의 표현은 “성실한 타입의 규성은 t=1, 2에서 “열공”을 선택한다”는 뜻이다.

이와 반대로 태만 타입의 규성은 “유흥”을 “열공”보다 선호하지만 t=1에서는 “열공”을 택하여 한교수에게 장학금을 받고자 노력할 가능성이 있다. 즉, 태만 타입임에도 성실 타입인 척을 할 이유가 있는 것이다. 이는 퍼펙트 베이지안 균형의 가장 중요한 부분 중 하나이므로 추후에 본격적으로 논의하도록 하겠다. 그러나 이런 태만 타입의 규성도 t=2에서 마지막 장학금을 수령한 후에는 더 이상 성실한 척할 필요가 없으므로 본인이 원하는 “유흥”을 택할 것이며 이는 다음과 같이 나타낼 수 있다.

② $S_{k(\text{태만})}^{t=2}$ = 유흥

이제 한교수를 생각해 보자. 빌리프를 업데이트 하는 것은 규성이 아니고 한교수이다. 규성의 타입을 정확히 모르고 다만 규성이 성실한 확률이 p라는 것만 알고 게임을 시작한 한교수는 t=1에서 규성의 행동을 보고 확률 p를 변경할 것이다. 그런데 만일 t=1에서 규성이 "유흥"을 선택한다면 한교수는 규성의 타입에 대해 어떻게 생각할 것인가? 당연히 한 교수는 규성이 태만 타입일 확률이 100%라고 생각할 것인데 그 이유는 성실 타입 규성은 "열공"을 선호하므로 "유흥"을 결코 택하지 않을 것이기 때문이다. 이런 빌리프의 업데이트와 한교수의 전략을 다음과 같이 표시한다.

③ μ(성실타입 : $S_k^{t=1}$ = 유흥) = 0,

$S_h^{t=2}(S_k^{t=1}$ = 유흥) = 장학금 안 줌

여기서 $\mu(\cdots)$는 괄호 안의 사건 발생에 따라 업데이트 된 빌리프를 나타낸다. 그리고 규성의 전략에서 타입이 들어가지 않은 이유는 한교수는 규성의 타입을 알지 못하고 다만 규성의 행동만 관찰할 수 있기 때문이다. 규성이 t=1에서 "유흥"을 선택하면 한교수의 빌리프는 규성이 성실 타입일 확률이 0(자동으로 태만 타입일 확률은 1)이 되므로 t=2에서 장학금을 지불해도 "유흥"을 선택할 것이 명백한 규성에게 한교수는 "장학금 안 줌"을 선택할 것이다.

이상 ①, ②, ③은 <조교 게임>에서 p와 x의 값에 상관없이 항상 선택되는 전략과 빌리프이다. 하지만 그 외의 전략과 빌리프들은 p와 x의 값에 따라 달라지므로 보다 깊은 분석이 필요하며 지금부터 그에 대해 학습하도록 하겠다.

오랜 경험을 통해서 경제학자들은 퍼펙트 베이지안 균형을 세 가지 종류로 분류하고 있다.

첫 번째 종류는 세퍼레이팅(separating) 균형이다. 세퍼레이팅 균형에서 "서로 다른 타입은 t=1에서 서로 다른 행동을 한다"는 특징이 있다. 즉, <조교 게임>에서 성실한 규성은 항상 t=1에서 "열공"을 택하고 태만한 규성은 t=1에서 "유흥"을 택하는 균형이 있다면 그 균형이 바로 세퍼레이팅 퍼펙트 베이지안 균형(separating perfect Bayesian equilibrium)이 된다.

두 번째 종류는 풀링(pooling) 균형이다. 풀링 균형에서 "서로 다른 타입은 t=1에서 동일한 행동을 한다"는 특징이 있다. 즉, <조교 게임>에서 성실한 규성이나 태만한 규성이나 항상 t=1에서 "열공"을 택하는 균형이 있다면 그 균형이 바로 풀링 퍼펙트 베이지안 균형(pooling perfect Bayesian equilibrium)이 된다.

세 번째 종류는 하이브리드(hybrid) 균형이다. 하이브리드 균형에서 "서로 다른 타입은 t=1에서 서로 다른 행동과 동일한 행동을 혼합하여 구사한다"는 특징이 있다. 즉, <조교 게임>에서 성실한 규성은 항상 t=1에서 "열공"을 택하고 태만한 규성은 t=1에서 "열공"과 "유흥"을 랜덤하게 섞어서 택하는 균형이 있다면 그 균형이 바로 하이브리드 퍼펙트 베이지안 균형(hybrid perfect Bayesian equilibrium)이 된다. 즉, 하이브리드는 세퍼레이팅과 풀링을 섞은 일종의 혼합균형 개념이다.

이런 세 가지 종류의 퍼펙트 베이지안 균형 중 어떤 균형이 성립하는가는 주어진 게임의 보상과 확률 등의 상대적 크기에 달려 있다. 이제부터 p와 x의 값에 따라서 <조교 게임>에서 이 세 가지 균형이 어떻게 성립되는가를 하나씩 살펴보자.

(1) 세퍼레이팅(separating) 균형

앞의 게임에서 x=－2이고 p=0.2로 주어졌다고 생각하자. ①, ②, ③은 이미 어떤 퍼펙트 베이지안 균형에서도 성립하므로 그 외의 균형 전략과 빌리프를 구해보겠다. 많은 게임이론 초심자들이 궁금해 하는 사항이 바로 주어진 다이내믹 불완전정보 게임에 존재하는 퍼펙트 베이지안 균형이 세퍼레이팅, 풀링, 하이브리드 중에서 어떤 것인지를 어떻게 알 수 있는가이다. 그런데 안타깝게도 그 답은 실제로 풀어보기 전에는 확실히 알 수 없다는 것이다. 즉, 이 게임에서 세퍼레이팅 균형이 존재하는가 살펴보자는 마음으로 계산을 해보니 존재한다면 존재하는 것이고 만일 모순이 발생하여 존재하지 않는다면 풀링이나 하이브리드가 존재한다는 것이다. 따라서 퍼펙트 베이지안을 계산할 때에는 “일단 세퍼레이팅이 존재한다고 가정하고 한번 계산해 보자”라는 식으로 시작해야 한다.

일단 세퍼레이팅 균형이라고 생각하고 분석해 보자. 세퍼레이팅 균형이라는 가정은 바로 다음을 의미한다. (이 가정이 옳은지는 맨 마지막에 다시 검증하겠다.)

④ $S_{k(\text{태만})}^{t=1}$ = 유흥

그리고 ④가 일단 성립하면 한교수는 t=1에서 "열공"을 택한 규성이 성실 타입일 확률은 100%라고 믿을 것이므로 다음이 성립한다.

⑤ μ(성실타입 : $S_k^{t=1}$ = 열공)=1,

$S_h^{t=2}$($S_k^{t=1}$ = 열공)=장학금 줌

이제 ④가 정당화될 수 있는지 검증해 보자. 태만 타입의 규성은 "열공"을 하면 −2을 얻는다. 일단 t=1에서 −2을 얻고 장학금을 수령한 후 "유흥"을 택하면 t=2에서 4를 얻겠지만 총 합은 −2+4 =2가 된다. 반면 t=1에서 "유흥"을 택하면 바로 4를 얻고 t=2에서는 장학금을 받지 못하여 0을 얻겠지만 4+0=4이므로, 이 경우 태만 타입 규성은 t=1에서 성실 타입인 척하여 전혀 이득을 얻을 수 없는 것이다. 따라서 ④와 같은 규성의 행동은 태만 타입 규성의 이익을 극대화시키므로 정당화될 수 있다.

마지막으로 t=1에서 한교수의 선택만 구하면 된다.

⑥ $S_h^{t=1}$ = 장학금 안 줌

한교수가 t=1에서 "장학금 안 줌"을 택하면 t=1, 2에서 모두 0

을 얻으므로 0+0=0이 된다. 반면 한교수가 t=1에서 "장학금 줌"을 택하면 0.2의 확률로 성실 타입 규성을 만나서 3+3=6을 얻고 0.8의 확률로 태만 규성을 만나서 −2+0=−2를 얻는다. 여기서 일단 t=1에서 −2를 얻으면 한교수는 t=2에서 장학금을 지급하지 않으므로 0을 얻는 것이다. 따라서 t=1에서 "장학금 줌"을 선택할 경우 기댓값은 0.2×6+0.8×(−2)=−0.4이므로 한교수는 "장학금 안 줌"을 택하는 것이 맞다. 결국 ①~⑥을 모두 합한 것이 퍼펙트 베이지안 내쉬 균형이지만 이퀼리브리엄 패스는 ⑥뿐이고 ①~⑤는 논이퀼리브리엄 패스인 것이다.

(2) 풀링(pooling) 균형

앞의 게임에서 x=1이고 p=0.5로 주어졌다고 생각하자. 앞의 세퍼레이팅 균형을 구할 때와 마찬가지로 ①, ②, ③은 이미 어떤 퍼펙트 베이지안 균형에서도 성립하므로 그 외의 ④~⑥에 해당하는 것들을 구해보겠다.

<u>일단 풀링 균형이라고 생각하고</u> 분석해 보자. 풀링 균형이라는 가정은 바로 다음을 의미한다. (이 가정이 옳은지는 맨 마지막에 다시 검증하겠다.)

④′ $S^{t=1}_{k(\text{태만})}$ = 열공

그리고 ④′가 일단 성립하면 한교수는 t=1에서 "열공"을 택한 규성이 성실 타입일 확률은 처음과 동일한 50%라고 믿을 것이므로

다음이 성립한다.

⑤′ μ(성실타입 : $S_k^{t=1}$ = 열공) = 0.5,

$S_h^{t=2}(S_k^{t=1}$ = 열공) = 장학금 줌

이제 ④′가 정당화될 수 있는지 검증해 보자. 태만 타입의 규성은 "열공"을 하면 1을 얻는다. 일단 t=1에서 1을 얻고 장학금을 수령한 후 "유흥"을 택하면 t=2에서 4를 얻으므로 총 합은 1+4=5가 된다. 반면 t=1에서 "유흥"을 택하면 바로 4를 얻고 t=2에서는 ③에 의하여 장학금을 받지 못하면 4+0=4가 된다. 문제는 t=1에서 "열공"을 택한다고 해서 한교수가 t=2에서 장학금을 줄 것인가 하는 것이다. 그런데 한교수는 t=1에서 "열공"을 택한 규성이 성실타입일 가능성과 태만 타입일 가능성이 반반이므로 "장학금 줌"을 선택할 때 기댓값은 0.5×3+0.5×(−2)=0.5가 되는데 이는 "장학금 안 줌"을 택해서 얻는 0보다 큰 값이다. 따라서 ⑤′와 같이 t=2에서 장학금을 줄 것이다. 그리고 ⑤′이 성립하면 ④′에서 태만 타입 규성이 t=1에서 "열공"을 택한 것이 정당화된다.

마지막으로 t=1에서 한교수의 선택은 어찌될 것인가?

⑥′ $S_h^{t=1}$ = 장학금 줌

한교수가 장학금을 안 주면 0을 얻고 장학금을 주면 t=1에서는 1의 확률로 3을 얻고 t=2에서는 이미 계산된 0.5×3+0.5×(−2)= 0.5를 얻는다. 기댓값 3.5가 0보다 크므로 ⑥′이 성립한다. 이상

①~③과 ④′~⑥′을 합하여 퍼펙트 베이지안 균형이 성립된다.

(3) 하이브리드(hybrid) 균형

이제 앞의 게임에서 x=1, p=0.2로 주어진 경우를 생각해 보자. 독자 여러분이 한번 앞의 세퍼레이팅 균형과 풀링 균형을 구한 논리를 적용해 보면 x=1, p=0.2은 세퍼레이팅과 풀링 균형 중 어느 쪽도 정당화시킬 수 없음을 확인할 수 있을 것이다.[15]

앞에서와 마찬가지로 일단 하이브리드 균형이라고 생각하고 분석해 보자. 하이브리드 균형이라는 가정은 태만 타입의 규성이 t=1에서 "열공"과 "유흥"을 섞는다는 것을 의미한다. 그래서 우리는 태만 타입 규성이 t=1에서 "열공"을 선택할 확률을 α라고 놓겠다. 그런데 태만 타입 규성이 혼합전략을 구사하게 하기 위해서는 한교수도 혼합전략을 구사해 주어야 하는 것이 일반적이다. 따라서 우리는 t=1에서 규성이 "열공"을 선택한 것을 본 한교수가 t=2에서 "장학금 줌"과 "장학금 안 줌"의 두 전략을 섞어서 구사할 것이고 이때 "장학금 줌"을 선택할 확률은 β라고 놓겠다. 이를 정리하면 다음과 같이 된다.

④″ $S^{t=1}_{k(\text{태만})}$ =(α확률로 열공, 1−α확률로 유흥)

⑤″ μ(성실타입 : $S^{t=1}_{k}$ = 열공)= $\frac{0.2}{0.2+0.8\times\alpha}$,

---

15 세퍼레이팅으로 가정하면 태만 타입 규성이 성실 타입인 것처럼 t=1에서 행동하는 것이 더 이익이므로 "열공"을 택할 것이라서 모순이 발생하고, 풀링으로 가정하면 태만 타입 규성이 t=1에서 "열공" 하더라도 한교수가 장학금 지급을 안 하게 될 것이라서 태만 타입 규성의 선택에 모순이 발생한다.

$$S_h^{t=2}(S_k^{t=1}=\text{열공})=(\beta\text{확률로 장학금 줌}, 1-\beta\text{확률로 장학금 안 줌})$$

유의할 점은 빌리프의 업데이트인데 t=1에서 규성이 "열공"했다면 이것은 다음 둘 중의 한 경우이다. 첫째는 규성이 성실 타입인 경우로 0.2의 확률로 발생하고, 둘째는 규성이 태만 타입이지만 "열공"한 경우로 규성이 태만 타입일 확률 0.8에 "열공" 혼합전략 확률 α를 곱한 값이 된다. 이를 이용하여 조건부 확률을 구한 것이 ⑤″의 빌리프이다.

태만 타입 규성과 한교수가 모두 혼합전략을 쓴다는 것은 섞는 전략들의 기댓값이 동일함을 의미하므로 이를 이용하여 α와 β를 구할 수 있다.

일단 태만 타입 규성이 t=1에서 "유흥"을 선택하면 이미 확인한 것처럼 4+0=4를 얻는다. 반대로 태만 타입 규성이 t=1에서 "열공"을 선택하면 한교수가 β의 확률로 t=2에서 "장학금 줌"을 선택하여 4를 얻는 반면 $1-\beta$의 확률로 t=2에서 "장학금 안 줌"을 선택하여 0을 얻는다. 따라서 "열공"의 기댓값은 $\beta\times(1+4)+(1-\beta)\times(1+0)=1+4\beta$이다. 태만 타입 규성이 t=1에서 두 전략을 섞기 위해서는 $4=1+4\beta$가 성립되어야 하며 이는 $\beta=\frac{3}{4}$임을 의미한다.

이제 한교수가 t=1에서 규성의 "열공"을 보고 t=2에서 "장학금 줌"과 "장학금 안 줌"을 섞는다는 의미는 한교수에게 두 선택이 동일한 기댓값을 준다는 뜻이다. "장학금을 안 줌"을 선택하면 한교수는 t=2에서 0을 얻게 된다. 반면 "장학금 줌"을 선택하면

$\frac{0.2}{0.2+0.8\times\alpha}$의 확률로 성실 타입 규성을 만나서 3을 얻고, $\frac{0.8\times\alpha}{0.2+0.8\times\alpha}$의 확률로 태만 타입 규성을 만나서 -2를 얻는다. 따라서 한교수가 t=2에서 혼합전략을 구사하기 위해서는 다음이 만족되어야 한다.

$$0=\frac{0.2}{0.2+0.8\times\alpha}\times3+\frac{0.8\times\alpha}{0.2+0.8\times\alpha}\times(-2)$$

위의 식을 만족시키는 α는 $\alpha=\frac{3}{8}$이다.

따라서 우리는 다음과 같이 결론지을 수 있다.

④″ $S_{k(\text{태만})}^{t=1}$ =(3/8확률로 열공, 5/8확률로 유흥)

⑤″ μ(성실타입 : $S_k^{t=1}$ = 열공)=2/7,

$S_h^{t=2}(S_k^{t=1}$ = 열공)=(3/4확률로 장학금 줌, 1/4확률로 장학금 안 줌)

마지막으로 t=1에서 한교수는 어떤 선택을 할 것인가? "장학금 안 줌"을 선택하면 t=1,2에서 모두 0을 얻는다. 반면 "장학금 줌"을 선택하면 $0.8\times(1-\alpha)=0.5$의 확률로 규성이 "유흥"을 택할 것이고 이 경우 t=2에서 장학금을 안 줄 것이므로 $-2+0=-2$를 얻는다. 반면 $0.2+0.8\times\alpha=0.5$의 확률로 규성이 "열공"을 선택하여 한교수는 t=1에서 3을 얻을 것이다. 문제는 이 때 한교수가 t=2에서 "장학금 줌"과 "장학금 안 줌"을 섞는다는 것이며 이런 한교수의 행동이 한교수에게 어떤 기댓값을 줄지를 알아내야 한다는 것이다. 다행히도 우리는 한교수의 두 가지 선택이 동일한 기댓값을 준다는 사실을 안다. (그렇지 않으면 한교수는 혼합전략을 구사할 리가 없기 때문이다.) 이 말은 "장학금 안 줌"을 선택할 경우 한교수가 얻을 0이 "장학금 줌"의 기댓값도 된다는 뜻이다. 결론적으로 t=1에서 규성이 "열공"을 선택하는 경우 한교수의 t=1 보상은 3이고 t=2 보상은 0이 되므로 둘을 합하여 3+0=3을 얻는다. 결국 t=1에서 "장학금 줌"을 선택함으로서 한교수는 $0.5\times(-2)+0.5\times3=0.5$를 얻는다. $0.5>0$이므로 한교수의 t=1 선택은 다음과 같아진다.

⑥″ $S_h^{t=1}$=장학금 줌

[명성 게임(Reputation Game)]

같은 직장에 근무하는 보운은 과장이고 민혁은 평사원이다. 이 둘 사이에 다음과 같은 상황이 t=1, 2라는 두 기간에 걸쳐서 발생한다고 한다. 두 사람 모두 시간 할인은 없다고 한다.

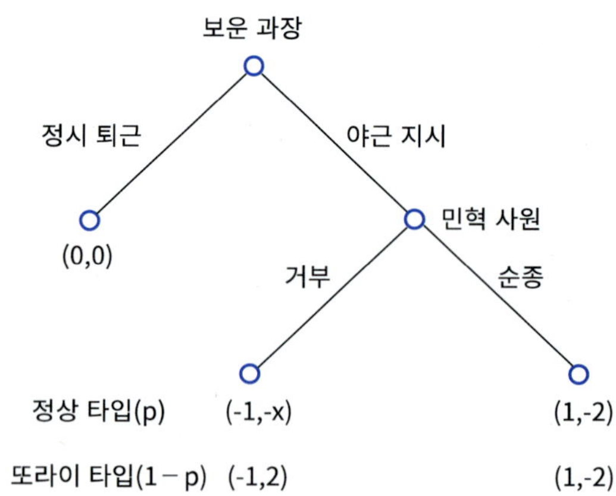

배경은 직장 상사인 보운 과장이 부하 직원인 민혁에게 야근을 지시할 수도 있고 정시 퇴근시킬 수도 있는데 물론 보운 과장은 민혁이 순종적으로 야근을 하면 가장 큰 보상을 얻는다. 문제는 민혁 사원이 야근을 거부하고 정부 기관에 신고할 수 있다는 것인데, 이 경우 보운 과장에게는 상당히 골치 아픈 상황이 발생한다. 따라서 민혁이 순종적으로 야근하면 보운은 1을 얻고 거부하면 −1을 얻는다. 처음부터 정시 퇴근시키면 보운 과장의 보상은 0이다. 이때 민혁 사원은 두 가지 타입 중 하나인데 "정상 타입"과 "또라이 타입"이 그것이다. 정상 타입은 야근 지시를 거부했을 때 불이익과 갈등을 싫어해서 −x를 얻는 반면 순종은 그보다 나은 −2를 얻는다. 물론 $x > 2$로 가정한다. 반면 또라이 타입은 갈등을 오히려 즐기는 성격이라서 보운 과장의 지시를 거부하고 문제를 일으킬 때 오히려 2라는 큰 보상을 얻는다. 민혁이 정상 타입일 확률은 p라고 하자. 이때 다음 세 가지 상황에서 퍼펙트 베이지안 균형을 구하시오.[16]

(1) 위의 게임에서 $x=5$, $p=0.7$일 때 퍼펙트 베이지안 균형을 구하시오.

(2) 위의 게임에서 $x=3$, $p=0.3$일 때 퍼펙트 베이지안 균형을 구하시오

(3) 위의 게임에서 $x=3$, $p=0.7$일 때 퍼펙트 베이지안 균형을 구하시오

---

16 이 게임을 〈명성 게임〉이라고 부르는 이유는 민혁이 또라이 타입이라는 인식을 보운과장이 갖게 되면 정시 퇴근을 할 수 있으므로 정상 타입인 민혁이 또라이 타입과 같이 행동하여 명성 또는 악명을 얻고자 하는 유인이 존재하기 때문이다.

9-1. 시그널링(signaling) 게임

우리는 앞서 주인-대리인 문제 중에서 도덕적 해이 문제를 서브게임 퍼펙트 균형 개념을 이용하여 분석하면서 주인-대리인 문제에는 도덕적 해이 외에도 역선택(adverse selection) 문제가 존재함을 언급하였다.

역선택은 주인이 대리인을 고용함에 있어 원하는 특성의 대리인을 고용하고자 하지만 많은 경우 주인이 원하지 않는 특성의 대리인만을 고용하게 되는 현상이다.

예를 들어 태윤 물산의 소유주인 태윤이 신입사원을 채용하는데 창석이 지원하였다고 하자. 창석은 능력이 출중하면 회사를 위해서 매일 100만원의 이익을 낼 수도 있지만, 만일 창석이 능력이 부족하면 채용 후 회사를 위해서 매일 20만원의 이익밖에 내지 못한다고 하자. 태윤은 신입사원 채용에 지원한 창석이 유능한 타입인지 무능한 타입인지를 알지 못한 상황에서 채용을 결정하여야 한다. 창석이 유능할 확률은 1/2이고 무능할 확률도 1/2이라고 하자.

창석이 유능한 타입일 수도 있고 무능한 타입일 수도 있다는 사실에서 우리는 불완전정보 게임 상황임을 알 수 있다. 이때 참가자인 태윤은 창석을 고용할 수도 있고 고용하지 않을 수도 있으며 고용하는 경우 임금 수준을 결정할 수 있는데 이런 고용 여부와 임금의 결정이 태윤의 전략이다. 반면 창석은 태윤의 임금 제시 조건을 보고 취업을 할 수도 있고 지원을 철회하고 취업을 하지 않을 수도 있다. 취업 여부를 결정하는 것이 바로 창석의 전략이다.

한 가지 언급해야 하는 것이 바로 유보임금(reservation wage)이다. 앞서 설명한 것처럼 유보임금은 대리인이 주인을 위해 일하지 않고 다른 직업을 가질 경우 받을 수 있는 임금을 의미한다. 우리는 유능한 타입의 창석은 태윤물산에 취직하지 않고 자영업을 하더라도 매일 80만원을 벌 수 있기에 유보임금이 80만원이다. 반면 무능한 타입의 창석은 태윤물산 이외에는 좋은 직장에 들어갈 수 없어서 유보임금이 10만원이다.

이 게임의 베이지안 내쉬 균형은 무엇일까? 태윤은 신입사원 지원자 창석에게 10만원의 임금을 제시할 것이고, 유능한 타입의 창석은 거절하고 다른 직장으로 가거나 자영업을 할 것이며, 무능한 타입의 창석은 태윤물산에 10만원의 임금을 조건으로 취업하는 것이 이 게임의 베이지안 내쉬 균형이다.

그 이유는 태윤물산이 창석의 타입을 알지 못하는 한 임금을 $\frac{1}{2} \times 1{,}000{,}000 + \frac{1}{2} \times 200{,}000 = 600{,}000$만원을 초과하여 줄 수 없는데 유능한 타입의 창석은 차라리 유보임금을 받는 것이 좋으므로 취업하지 않을 것이다. 결과적으로 역선택이 일어나서 태윤물산에 취업하는 창석은 모두 무능한 타입이 된다. 이 사실을 파악한 태윤물산은 어차피 무능한 타입만 취업할 것이므로 무능한 타입의 유보임금인 10만원만을 지급하게 된다

이런 역선택의 결과는 유감스러운 것이면서 비효율적인 것인데, 그 이유는 창석이 태윤물산에서 근무하면 100만원의 부가가치 창출이 가능함에도 역선택 때문에 이를 포기하고 80만원의 부가가치가

생산되는 다른 업무를 하기 때문이다.

게임이론에서는 이런 역선택의 해결이 시그널링(signalling)이라는 기법을 통하여 가능할 수 있다고 주장한다. 시그널링이란 우리의 예에서 유능한 타입의 창석이 무능한 타입으로서는 도저히 흉내내지 못할 특별한 행동을 하여 태윤물산에게 자신의 능력에 대해 시그널, 즉 신호를 보내는 것이다. 이 신호를 보고 창석이 유능한 타입이라는 것을 태윤물산이 깨닫는다면 태윤물산은 80만원 이상의 임금을 주고 창석을 고용할 것이다.

노벨 경제학상 수상자인 마이클 스펜스는 교육이 이런 시그널링에 사용될 수 있다는 것을 보였는데 그것이 다음의 <에듀케이션 게임>이다.

[에듀케이션 게임]

앞에서 기술한 태윤물산과 창석의 상황을 기초로 또 한 명의 참가자인 한교수를 등장시켜 보자. 한교수의 강의는 어렵기만 하고 실생활에는 전혀 도움이 되지 않는 것으로 유명하다. 다만 한교수 강의의 유일한 특징은 유능한 타입의 학생이 한교수 강의에서 A학점을 받기 위해서는 태윤물산에 취직하여 매일 5만원을 비용으로 평생 지급할 정도의 노력과 비용이 필요함에 반해 무능한 타입의 학생이 A학점을 받기 위해서는 태윤물산에 취직하여 매일 90만원의 비용을 평생 지급할 정도의 노력과 비용이 필요하다는 점이다.

이때 태윤물산이 한교수의 쓸데없는 수업을 듣고 A학점을 받아오면 90만원의 임금을 주고 한교수의 수업에서 A학점을 못 받으면 10만원을 주겠다고 하면 어떤 일이 벌어질까? 무능한 타입의 창석은 A학점을 받으면 90만원의 임금을 받지만 비용이 90만원이므로 순이익이 0이 되는 반면 A학점을 포기하면 10만원의 임금이 그대로 순이익이 되므로 한교수의 수업을 포기할 것이다. 만일 창석이 유능한 타입이라면 한교수의 수업을 듣지 않으면 유보임금 80만원을 받지만 한교수의 수업에서 A를 받으면 90만원을 받고 5만원의 비용을 지급해도 85만원의 순이익이 남기 때문에 한교수의 수업을 듣고 태윤물산에 취직할 것이다. 이 경우 유능한 타입의 창석은 한교수의 수업을 자신의 능력을 과시하는 시그널링 수단으로 사용한 것이다.

이때 문제는 한교수의 수업같이 참가자들의 타입에 따라서 적당한 수준의 비용 차이가 나도록 해주는 수단이 항상 존재하지는 않다는 점이다. 현실에서 한교수의 수업과 같이 시그널링을 가능하게 해주는 다양한 방법이 개발된다면 경제적 효율성 제고에 도움이 될 것이다.

연습문제

오래 전 중국에서 말을 좋아했던 왕이 있었다. 그 왕은 명마를 너무 좋아하여 신하들은 전국에 보내서 명마를 사오게 하였다. 그런데 어느 날 명마를 사러 간 신하가 말이 아니라 말의 뼈를 비싼 값에 사가지고 왔기에 왕이 화를 내자 신하는 죽은 말의 뼈를 비싼 값에 산 것이 소문이 나면 명마를 가진 사람들이 앞다투어 자신의 말을 왕에게 팔려고 할 것이니 이익이라고 했다. 이 상황을 시그널링 게임을 통해 분석해 보시오.

연습문제

어떤 상품의 광고에서 광고를 하는 사람은 그 상품을 만드는 기업이다. 당연히 그 상품을 많이 팔기 위해서 무조건 좋다고 선전할 것이므로 광고의 내용을 믿을 수 없다. 하지만 광고를 많이 본 사람들이 그 품질을 믿고 물건을 구입할 것이라는 경제이론을 광고의 캐쉬 버닝(cash burning) 모형이라고 하는데, 이 논리가 시그널링 이론에 의해 정당화될 수 있는지 생각해 보시오.

9-2. 인튜이티브 크라이테리온(intuitive criterion)[17]

[맥주와 우롱차 게임]

태윤은 어떤 외지고 거친 마을에 이사를 왔다. 그 마을의 유일한 식당에 갔더니 마을에서 가장 싸움을 잘한다는 창석이 처음 보는 태윤에게 시비를 걸어오는 것이다.

창석은 태윤이 얼마나 싸움을 잘하는지 알지 못하지만 태윤이 창석보다 싸움을 잘하는 "강한 타입"일 확률이 90%이고 싸움을 잘 못하는 "약한 타입"일 확률이 10%라는 것만을 알고 있다.

17 조 앤 크렙스(Cho and Kreps) 크라이테리온이라고도 불리는데 여기서 "조"는 한국인 경제학자 조인구 교수를 의미한다. 조인구 교수와 스탠포드 대학의 크렙스 교수가 공동으로 개발한 균형이라는 점에서 한국 학생들에게는 특별한 의미가 있을 것이다. 〈맥주와 우롱차 게임〉은 조 앤 크렙스가 소개한 게임을 번역하여 그대로 옮긴 것임을 밝히는 바이다.

태윤이 강한 타입이면 창석을 이길 것이고 약한 타입이면 창석이 이길 것이지만, 태윤은 타입에 상관없이 새로 이사한 마을에서 싸움을 하고 싶지는 않다. 그러나 싸움을 하고 말고는 태윤의 선택이 아니라 창석의 선택이다. 즉, 창석은 "싸움"과 "안 싸움" 중에서 하나를 선택할 수 있는데 이 선택을 하기 전에 태윤의 한 가지 행동을 관찰할 수 있다. 그것은 태윤이 마시는 음료이다. 즉, t=1에서 태윤이 "맥주"와 "우롱차" 중 하나를 선택하여 마시면 창석이 태윤의 선택을 관찰하고 "싸움"과 "안 싸움" 중 하나를 선택하는 것이 이 게임의 구조이다. 재미있는 가정은 강한 타입의 태윤은 우롱차보다 맥주를 좋아하고, 약한 타입의 태윤은 맥주보다 우롱차를 좋아한다는 것이다.

90% 태 윤 (강한 타입)

		우롱차	맥주
창 석	싸움	−1,0	−1,1
	안 싸움	0,2	0,3

10% 태 윤 (약한 타입)

		우롱차	맥주
창 석	싸움	1,1	1,0
	안 싸움	0,3	0,2

이 게임에는 다수의 퍼펙트 베이지안 균형이 존재하는데 그 중 하나는 다음과 같은 풀링 균형이다.

① 강한 타입 태윤은 t=1에서 “우롱차”를 선택한다.

② 약한 타입 태윤은 t=1에서 “우롱차”를 선택한다

③ 창석은 t=1에서 태윤의 선택을 보고 다음과 같이 빌리프를 업데이트 한다.

μ(강한 타입 : 태윤이 t=1에서 맥주 선택)=0

μ(강한 타입 : 태윤이 t=1에서 우롱차 선택)=0.9

④ 창석은 태윤이 t=1에서 “맥주”를 마시면 “싸움”을 선택하고, “우롱차”를 마시면 “안 싸움”을 선택한다.

이 퍼펙트 베이지안 균형에서 t=2에서의 창석의 행동은 그의 빌리프를 인정하면 정당화된다. 태윤이 “맥주”를 선택한 경우 태윤이 약한 타입이란 것이 창석의 빌리프이고 그러면 약한 타입과는 이길 수 있으므로 “싸움”이 창석의 올바른 선택이다. 반면 태윤이 “우롱차”를 마시면 태윤이 강한 타입일 확률은 변하지 않고 0.9가 유지된다. 태윤이 강한 타입일 가능성이 높고 강한 타입과 싸우면 창석이 질 것이므로 창석은 “안 싸움”을 선택하는 것이 옳다. 태윤의 입장에서는 설사 자신이 강한 타입이라고 해도 맥주를 좋아하기보다는 싸움을 싫어하는 성격 때문에 좋아하지 않는 “우롱차”를 마시고 창석과의 싸움을 피하고자 할 것이다. 우롱차를 좋아하는 약한 타입 태윤이라면 우롱차 마시고 안 싸우는 최선의 선택이 가능하다. 따라서 ①~④에 기술된 풀링 퍼펙트 베이지안 균형은 그 정의에 부합하는 것이다.

하지만 대부분의 독자들은 이 풀링 퍼펙트 베이지안이 이상하다고 느낄 것이다. 가장 이상한 점은 강한 타입의 태윤이 맥주를 좋아하는데 오히려 "맥주"를 마시면 창석은 태윤이 약하다고 생각한다는 빌리프 업데이트 과정이다. 문제는 이 빌리프가 이상하다고 모든 사람들이 생각하더라도 퍼펙트 베이지안 균형의 정의에는 부합한다는 것이다. 따라서 이 문제를 해결하기 위해서는 퍼펙트 베이지안 균형을 개량한 새로운 균형이 필요한데 그런 이유에서 등장한 것이 바로 인튜이티브 크라이테리온이라는 개념이다.

크라이테리온(criterion)은 기준이라는 뜻이므로 퍼펙트 베이지안 균형이라고 해도 인튜이티브 크라이테리온이라는 기준을 만족시키지 못하면 인정하지 않는다는 의미이다.

엄밀한 정의를 내리기보다는 <맥주와 우롱차 게임>을 이용하여 설명해 보겠다.

앞에서 기술한 풀링 퍼펙트 베이지안 균형에서 태윤은 이퀄리브리엄 패스에서는 항상 "우롱차"를 선택하여야 한다. 그런데 이런 예상을 깨고 태윤이 "맥주"를 선택하였다고 하자. 창석의 빌리프 업데이트에 따르면 태윤은 약한 타입이어야 한다. 그런데 인튜이티브 크라이테리온은 약한 타입이라고 단정하기 전에 한 가지를 확인할 것을 요구한다. "과연 약한 타입은 논이퀄리브리엄 패스인 "맥주"를 선택하여 어떤 이득을 노릴 수 있을 것인가?"라는 질문에 대한 답이다. 약한 타입의 태윤은 이퀄리브리엄 패스에서 "우롱차"를 마시고 싸움을 하지 않게 되므로 3을 얻게 된다. 그런데 이런 약한 타입의 태윤이 "맥주"를 마시고 나면 창석이 싸움을 거는지 안 거는지에 따라서 0 또는 2를 얻게 된다. 이퀼리브리엄 패스의 3을 포기하고 0 또는 2를 얻는다면 참으로 어리석은 짓이므로 약한 태윤이 풀링 균형의 이퀼리브리엄 패스를 벗어나서 "맥주"를 마시는 것은 비합리적이다. 반면, 강한 태윤이 "맥주"를 선택하는 것인 다른 해석의 여지가 있다. 앞의 풀링 균형의 이퀼리브리엄 패스에서 강한 타입의 태윤은 "우롱차"를 마시고 싸움을 피하게 되어 2를 얻는다. 그런데 "맥주"를 선택하여 이퀼리브리엄 패스를 벗어나면 강한 태윤은 1 또는 3을 얻는다. 1을 얻는다면 태윤이 이퀼리브리엄 패스를 벗어난 것은 어리석은 행동이겠지만, 적어도 강한 태윤은 3을 얻게 되어 이퀼리브리엄 패스의 보상 2보다 더 높은 보상을 얻을 가능성은 존재하는 것이다. 인튜이티브 크라이테리온은 어떤 퍼펙트 균형에서 이퀼리브리엄 패스를 벗어나는 행동에 대해 그런 행동으로 이퀼리브리엄 패스에서보다 보상이 올라갈 가능성이 전혀 없는 타입에 대해서는 빌리프를 0을 주어야 하며 보상이 올라갈 가능성이라도 있는 타입에 대해서만 0보다 큰 빌리프를 줄 것을 요구한다. 그런 의미에서 "맥주"를 마시면 태윤은 약한 타입이라고 빌리프가 정의된 앞서의 풀링 퍼펙트 베이지안 균형은 인튜이티브 크라이테리온을 통과하지 못한다.

이때 인튜이티브 크라이테리온을 통과할 수 있는 풀링 퍼펙트 베이지안 균형은 다음과 같다.

① 강한 타입 태윤은 t=1에서 "맥주"를 선택한다.

② 약한 타입 태윤은 t=1에서 "맥주"를 선택한다

③ 창석은 t=1에서 태윤의 선택을 보고 다음과 같이 빌리프를 업데이트 한다.

μ(강한 타입 : 태윤이 t=1에서 맥주 선택)=0.9

μ(강한 타입 : 태윤이 t=1에서 우롱차 선택)=0

④ 창석은 태윤이 t=1에서 "맥주"를 마시면 "안 싸움"을 선택하고, "우롱차"를 마시면 "싸움"을 선택한다.

연습문제

앞의 <에듀케이션 게임>에서 구한 세퍼레이팅 균형이 인튜이티브 크라이테리온을 통과하는지 확인하시오. 그리고 <에듀케이션 게임>에서 인튜이티브 크라이테리온을 통과하지 못하는 퍼펙트 베이지안 균형이 있는지 생각해 보시오.

저자약력

한순구
서울대학교 경제학사
하버드 대학교 경제학 박사
(전)일본정책연구 대학원 교수
연세대학교 경제학부 교수
(전)한국경제학회 사무국장
(전)연세대학교 입학처 정책부처장

게임이론

저 자 한순구
펴낸이 한헌주
펴낸곳 경문사
등 록 1995년 11월 9일 제300-1995-138호
주 소 서울특별시 서대문구 독립문로 21-9
전 화 02)738-7035(대표)
팩 스 02)722-4678
이메일 kmsp@korea.com
홈페이지 http://www.kmsp.co.kr
초판 1쇄 발행 2017년 3월 14일
초판 4쇄 발행 2023년 8월 31일

값 10,000원
ISBN 979-89-420-0868-1 03320

* 잘못된 책은 교환해 드립니다.
* 무단전재와 복제를 금합니다.